跟单

成为销售高手的
关键策略

[美] **杰夫·肖尔**（Jeff Shore）———— 著

兰世伟———— 译

中国原子能出版社　中国科学技术出版社

·北　京·

Follow Up And Close The Sale: Make Easy (And Effective) Follow-Up Your Winning Habit

Jeff Shore

9781260462661

Copyright © 2020 by McGraw-Hill Education.

图书在版编目（CIP）数据

跟单：成为销售高手的关键策略 /（美）杰夫·肖尔（Jeff Shore）著；兰世伟译. — 北京：中国原子能出版社：中国科学技术出版社，2023.10

书名原文：Follow Up and Close the Sale: Make Easy (and Effective) Follow–Up Your Winning Habit

ISBN 978-7-5221-2942-6

Ⅰ. ①跟… Ⅱ. ①杰… ②兰… Ⅲ. ①销售—方法 Ⅳ. ① F713.3

中国国家版本馆 CIP 数据核字（2023）第 161605 号

策划编辑	杜凡如　任长玉		特约编辑	任长玉	
责任编辑	付　凯		文字编辑	任长玉	
封面设计	北京潜龙		版式设计	蚂蚁设计	
责任校对	冯莲凤　焦　宁		责任印制	赵　明　李晓霖	

出　　版	中国原子能出版社　中国科学技术出版社	
发　　行	中国原子能出版社　中国科学技术出版社有限公司发行部	
地　　址	北京市海淀区中关村南大街 16 号	
邮　　编	100081	发行电话　010-62173865
传　　真	010-62173081	网　址　http://www.cspbooks.com.cn

开　　本	880mm×1230mm　1/32	
字　　数	159 千字	
印　　张	7.375	
版　　次	2023 年 10 月第 1 版	
印　　次	2023 年 10 月第 1 次印刷	
印　　刷	北京华联印刷有限公司	
书　　号	ISBN 978-7-5221-2942-6	
定　　价	79.00 元	

（凡购买本社图书，如有缺页、倒页、脱页者，本社发行部负责调换）

不跟单的销售员

之前我参加了一场展销会，和一位正在公司展位工作的销售代表相谈甚欢。在了解了对方能提供的服务后，我心动不已，当场就告诉她我有购买的意愿。于是，我留下了自己的电子邮箱和手机号码，和对方约好了下次再进一步沟通。然而，电话没有如约而至，之后我也没有收到任何联系信息。

我们一直在帮一位亲戚家的长辈寻找合适的养老院。老人家境富裕，希望能在一个环境设施高端、全程有保障、服务好的地方安享晚年。我们拜访并参观了七家养老院，听完了他们的销售展示。所有的养老院都虚位以待，销售员们似乎也都很渴望达成这笔交易。然而后续只有一位销售员主动联系了我们，但他发送过来的跟单邮件却显得不冷不热、敷衍了事。

之前，为了给自己蒸蒸日上的公司保驾护航，我打电话咨询了好几位保险代理人。所有人都承诺后续会带着报价联系我，然而最终只有一个人说到做到了。

很多销售员都缺乏跟单的意识，这是销售行业一个令人悲哀的现状。而在跟单的销售员中，44% 的人只尝试一次就放弃了。坦白说，我也不知道大家为什么会和钱过不去。低效的跟单甚至完全放弃跟单会给销售员的职业带来无法弥补的缺陷。

讽刺的是，那些天天抱怨业绩上不去的销售员往往就是忽视这条准则的人。这个世界也许有个别躺着赚钱的捷径和一夜暴富的点子，以至于人们常常会忽视对成功来说最重要的特质：毅力。

顶尖的销售员会告诉你，让他们脱颖而出的一个重要特质就是毅力。我每天都在和来自世界各地的一流销售员共事。在他们分享的成功案例中，销售员的秘诀仅仅就是坚持不懈地反复打电话沟通，直至攻破顾客的心理防线，拿下心仪的订单。我曾经达成的顶级交易中的一笔就归功于我发送给顾客的 52 封语音邮件。

然而，在我开篇分享的失败案例中，销售员连基本的常识都没有，更不必说超乎常人的毅力了。只要保持基本的职业素养，赚钱就已经不是什么难事了。可这些典型的销售员们不是扭扭捏捏地抗拒打电话，就是不求上进、不愿意积极跟单。想要成为掌握跟单技巧的销售大师，高度的自律、不怕被客户拒绝的勇气、顽强的意志力和对胜利的渴望缺一不可。

杰夫·肖尔在本书中告诉你：如果你想从竞争中脱颖而出，成为公司的顶梁柱，并最终铸就无与伦比的成功，学会跟单是一条必经之路。想要辉煌的业绩和鼓鼓的钱包吗？准备好让自己的销售事业更上一层楼了吗？现在就打开这本书，随着杰夫一起探索跟单的成功之路吧。

杰布·布朗特（Jeb Blount）
Sales Gravy 创始人和首席执行官

目录

导读

我们在真心服务他人时能表现出最高的水平，而如果只关心自己，则会表现出最低的水准。

来设想这么一幕，你眉飞色舞地完成了自己的销售展示，准备迎来销售的高潮环节。

你信心满满地向顾客询问交易意愿，满心期待对方会做出肯定的回答。你早已计算好了自己的提成，甚至已经想好了要怎么花这笔钱。马上你就能达成世界上最完美的一笔交易，销售传奇人物金克拉（Zig Ziglar）本人完成这单交易都会自豪无比。

然而，始料未及的一幕出现了，顾客没有欣然接受。

"你还要考虑一下？我不明白你的意思。我解决了你所有的需求，这是一笔完美的交易，没有一个人会在这种情况下无动于衷。然而你居然要考虑一下？到底有什么好考虑的？我已经展现出了顶级的销售话术。"

这时你可能会想，"好吧，销售并不总是一帆风顺的，或许我能卖给下一个顾客。"

什么？这就放弃了？别急着挂电话！你还有机会啊！

▶ 问题

对很多销售员来说，销售工作在顾客拒绝的一瞬间就进入了死胡同。他们总是抱着一种侥幸心理，例如，"老实说，我不会再给拒绝我的顾客打电话，所以只能希望对方会回心转意，主动联系我。如果顾客真的感兴趣，早晚会找上门。没准儿一周后我就会收到一封迟来的电子邮件"。

千万不要抱有这种心理。你精心准备了这么久的销售展示，现在说放弃就放弃？这就好比马拉松跑到一半，你突然找了家咖啡厅坐着休息，等着剩下的一半路程会自己跑完。

换言之，不跟单是对销售前半程所有努力的浪费。严重一点说，这会对顾客的利益造成极大损害，甚至就是一种无礼的粗鲁行为。然而现实中就是有很多销售员完全不重视跟单。

这种司空见惯的现象却给另一些销售员带来了优势。他们非常清楚，跟单既能提升自己的业绩，又能让顾客享受到优质的服务。

这部分销售员会成为职场赢家和销售明星，因为他们会坚持不懈地跟单，直至满足对方的需求，无论这个过程多么费时、费力。他们愿意打磨技巧，锤炼毅力，并且清楚地知道，在名为"跟单"的矿井中，金矿无处不在，而掘金者所要做的只是"向下深挖"。

或许你是第一种销售员，你会想当然地认为顾客只要一个照面就能心甘情愿地下单。如果没有立即成交，你就只会等着顾客主动联系，再考虑后续计划。

或许你是第二种销售员，无论付出何等努力也要掌握主动权，把交易盘活。你拥有顽强的毅力、积极的创造性和永不言弃的精神。在你看来，即便顾客一开始拒绝了你，事情也尚有转机。

也可能你处在中间的某个位置。你有跟单的意识，只不过做得不够好。你只是在下意识地生搬硬套学过的销售技巧，没有充分使用顾客关系管理的策略，也并没有乐在其中。你甚至会认为顾客既不会从你的跟单中感受到快乐，也没法获得任何实质的好处。

如果你面临着这种窘境，那么这本书对你来说是一剂良药。

⇒ 对策

你夜以继日地工作，总感觉时间和精力都不够用。你知道自己的跟单水平有很大的提升空间，但是却走了一些弯路，一刻不停地打了几个小时的电话，最后筋疲力尽，只觉得这份工作索然无味。

让我来告诉你该怎么办。我所做的就是帮助销售员找到简单易懂并且能够乐在其中的工作方法。

如果你想要提升自己的跟单能力而不用另立门户、白手起家，那就把这本书读完。届时你会有以下收获：

得心应手——你会学会以顾客为中心的极其简单的跟单方法。

信心满满——你所做的工作提升了自己、成全了公司并且满足了顾客，因此你会产生一种必胜的信念。

马到成功——在前两种变化的加持下，你会踏上一条缩短购买周期、达成更多交易的成功之路。

▶ 我的心路历程

坦白来讲，跟单对初出茅庐时的我而言也是一个不小的挑战。因为我其实有电话恐惧症，只喜欢面对面和人交流（我会在"第10章：电话跟单"中进一步介绍自己的遭遇）。在经理的要求下，我不得不尝试着跟单，但也只是走走过场罢了。

因为当时我的业绩还不错，经常能一锤定音地和顾客达成交易，所以我觉得自己不需要后续跟单。

然而好景不长，当我在做房地产销售时，市场行情开始下滑，成交难度骤然增加。突然之间我就不得不依赖于自己并没有掌握的跟单技能了。

也正是从这时开始，我才逐渐成为一名完整的销售员。没错，我强调的就是职业的完整性。如果你从事销售工作却不知道怎么跟单，你就不是一名完整的销售员，这是毋庸置疑的行业真理。这种能力缺陷将始终缠着你，早晚会成为你前行的绊脚石。

这就是我职业生涯的转折点。30多年后的今天，我已经全方位培训过了数以千计的销售员。

我对销售员的销售方式很感兴趣，但是更令我着迷的是顾客的购买模式。如果我们能弄清楚人们究竟是如何做出购买决定的，就能进行逆向推导，然后重新策划销售话术，以便更容易激发顾客的购买欲望。

基本上我要做的就是教给你们如何以让顾客愿意购买的方式来进行销售。正是这种方式造就了出色的跟单大师们。

⏩ 关于本书

在这本书中，我会先从宏观层面入手，阐释跟单的理念，然后过渡到微观层面，深挖跟单销售模式的细枝末节。

本书的第一部分介绍跟单的理念。我分享了一些跟单大师们的销售案例，探索决定销售成败的关键因素。同时，我还会教给大家如何克服史蒂芬·帕里斯菲尔德（Steven Pressfield）称为"抗拒"的心理（我一直觉得所谓的"抗拒"心理只不过是安于现状罢了）。

这一部分的主要目的就是让大家爱上跟单。没错，我不仅希望大家能够克服跟单时的艰难险阻，更想让大家对跟单期待不已、乐在其中。

第二部分介绍一些跟单策略。包括讲述如何去理解顾客的购买理念，具体而言，就是顾客经历了怎样的心理活动才最终做出了购买决定，以及顾客如何决策。

在这一部分，我们会认识两种所谓的销售超能力，它们能让你迅速从激烈的竞争中脱颖而出。

第三部分则聚焦于执行，是本书细节最丰富的部分。我会循序渐进地指导大家打磨自己的跟单技艺，无论你使用的是电话、短信、电子邮件、便条，还是其他任何形式的沟通方式。我们会讨论出一套能够让你坚持每天实行的方法。

这一部分是能够让你大放异彩的部分。在执行跟单策略的过程中，你能够逐渐缩短销售周期，最终成为销售赢家。

第四部分则致力于让你做好准备，达到未曾体验过的职业高度，加入全世界前百分之一的销售梯队。

▶ 如何使用本书

我想要鼓励大家做两件事。

第一，从头到尾读完这本书。我写过九本书，其中的多本都能让读者直接跳转到有具体问题解决措施的部分。而本书会让你的思维一步一步地展开。

把读这本书的过程想象成建造房子。理念是地基，方法是墙，策略的执行则是屋顶。如果跳过其中任何一个部分，你建造的都将是一座摇摇欲坠、破烂不堪的危房。

第二，积极主动地阅读。你可以边读边做笔记，就记在书页的空白处。不断地向自己提问、向文本提问，敢于挑战读到的一切内容。

在读完本书后，你将能够利用自己的所学所思，量身打造适合自己的跟单方案。

▶ 本书的定位

本书不是销售员已有的顾客关系管理策略的替代品。多数我合作过的公司都有自己的跟单体系和顾客关系管理系统，本书只是试图补充和完善这些体系和系统。本书所包含的理念适用于任何现存的跟单体系。

这本书也绝非万金油。每个公司都各有特色，销售流程的种类也数不胜数。我希望读者能够将本书的理念和准则应用到手头的项目中，但是绝不会建议大家放弃现行的有效策略。

同时，本书中可能有些部分并不适合你。我当然相信每一个销售员都能通过阅读本书有所收获，但是我敢保证，你总归会遇到无法求助于本书的特殊状况。

⏩ 我对读者的承诺

我从读者的角度来思考，尽量用一种大家喜欢的方式来进行讲述。并且我自己的注意力持续时间也比较短，不喜欢长篇大论地写作。

因此，我会尽量让每个章节短小精悍、读起来直达要点。在阐述观点时，我会分享一些有趣的故事。这些故事都来自真实销售人员的销售案例，绝对不会添枝加叶、编造数据或者提出不实用的建议。

我始终将销售视为高尚的职业。并且我非常尊敬各位，因为你们每天都可能为他人的人生带来难以置信的深刻影响。

.

理念

第一部分
PART 1

第1章　跟单原因

> 高效的跟单建立在良好的顾客关系和优秀的服务意识上。这并非关于你，而是关于服务你所在意的人。

▶ 表现出你的关心

你关心过生命中与你关系最密切的人吗？我相信答案是肯定的，毕竟这是人之常情。

那么这些人怎样才能知道你在乎他们呢？你是如何证明自己在乎他们的？回答这些问题之前先说好，在"每月之袜"俱乐部（Sock-of-the-month club）为他们订购的圣诞礼物可不算数。

正确答案是，我们要通过服务他们的方式来证明我们的关心。

马丁·路德·金（Martin Luther King, Jr.）曾有言："生命中最持久和紧迫的问题是：你正在为其他人做着什么？"我对此深有同感。这不仅是一个重要的问题，更是一个紧迫的问题。

无论是对爱人、孩子、朋友、同事，还是生命中的其他任何人，你都可以通过对待他们的方式展现出你的关切和同理心。换言之，关心在于行动，而非表态。

最后一个问题：你关心你的顾客吗？

先别急着回答，因为答案是不言而喻的。

把你服务顾客的方式展现出来，我自然能知道你有几分关心。

｜ 业界人士有话讲 ｜

关心重要吗？当然！"在一次电话跟单中，一个顾客对我说：'你们三个人谁先给我们打电话，我们就买谁的东西。'他们告诉我，其中一位推销员给他们发了短信，另一位发了电子邮件，但只有我一个人打电话确认他们是否安全到家。他们说：'我们想从关心我们的人、而非只关心销售的人那里买东西'。第二天他们就和我签了合同。"

▶ 为什么要跟单

跟单有诸多理由：

- 跟单是你的分内工作，如果你不给顾客打电话，就会遇到麻烦。
- 有些事情需要你给顾客一个答复。
- 如若不做，你便会感到内疚。
- 你真的很需要这笔订单。

这些理由都合情合理，然而它们都不是跟单的真正原因。跟单的真正原因是服务顾客。

│ 业界人士有话讲 │

为了完成此书，由我经营的肖尔咨询公司（Shore Consulting）对数百名销售人员做了调研。几乎所有人都回答跟单是决定销售能否成功的重要因素，82% 的受访者甚至认为它是销售成功的决定性因素。

假设你孑然一身并且想要找到心上人。你应邀参加一场婚礼，在婚宴上和一个朋友的朋友聊起了天，然后发现彼此很合得来。接下来你和这个人一起度过了整整三个小时。如果你有意愿，你们的关系会更进一步，甚至擦出爱情的火花。于是你留下了自己的联系方式，这个人也保证会很快给你打电话。

然而接下来就杳无音信了（此处应该响起悲伤的长号声）。

你会怎么想呢？也许你会想"这个聊天对象完全不在意我吗？"事实可能比这还要糟糕。你也许会觉得实际上这个人从来没有在意过你，对方只是装模作样地答应了你，而这一切也只是逢场作戏。

和顾客的沟通也是如此。你们共度时光，分享信息，并且建立了一种相互信任、牢固且融洽的关系。

然后，顾客再也没有收到过你的来信。或者说，其实收到过，但只是一封堆砌着官方套话的电子邮件，这种邮件仅仅能证明你们的关系大抵不值得让你寄一封私人信件，更不必说打一通电话了。

由此可见，这其中有很多利益攸关的门道。如果你真正关心你的顾客，就在跟单过程中证明吧。

不去跟单，你的潜在顾客就好比往浴缸里放水而不关上排水口。

——米歇尔·摩尔（Michelle Moore）

▶ 案例研究

在近期的一场会议上，有人向我推销了一个有趣的商业想法，那就是代笔你们现在正在读的这本书。

她的开场白非常出色："杰夫，时间和金钱，你拥有哪一个比较多?"

虽然我不想说自己很有钱，但这个答案是显而易见的。于是我回答她，时间永远是供不应求的。

接着她进一步说："让我们试一下为你代笔这本书，这样你就能用暂时不缺的金钱来换取你所需要的时间。"

说真的，她的话术非常精彩，这确实引起了我的兴趣。

接下来让我们分析一下这个故事。

在肖尔咨询公司，我们会教给顾客们"购买公式（The Buying Formula）"，这种公式能够解释人们是如何做出购买决定的。满足如下条件时，人们会进行购买：

现状不满度（CD）× 未来希望值（FP）＞花费（C）+ 担忧（F）

如果顾客对现状极其不满（CD），而你提供的解决措施会带给他们很多希望（FP），那么他们更有可能克服担忧和疑虑，接收你的要价，把账付清（既有钱款也有心理上的代价，即C+F）。

记住这个公式，现在我们回到刚才那个代笔推销的故事上，思考一下这个问题：在谈话之前我的现状不满度有多高呢？

事实是我没有任何不满，因为我已经著作等身，很难产生需要代笔帮忙的想法（图1.1）。然而在这次谈话后，我确实因为时间不够用而感到有些沮丧，因此自己的现状不满度有所提高。

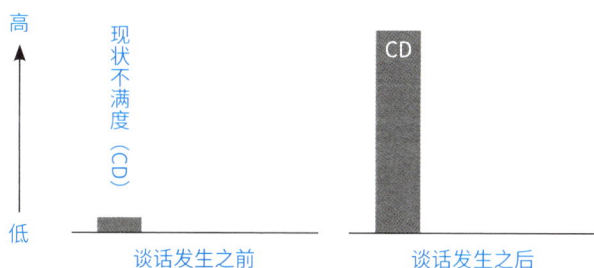

图 1.1　现状不满度对比示意图

下一个问题：在谈话之前我的未来希望值有多高？

还是很低（图1.2）。在谈话之前，我并不理解代笔的流程是什么，也不知道代笔如何能够有效地传达我的想法。然而在听了对方的提议后，我相信她有能力帮我以最低的时间成本完成这项工作。

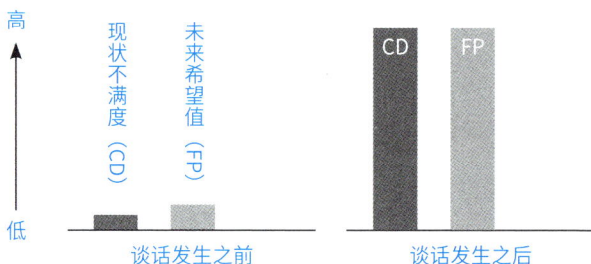

图 1.2　未来希望值对比示意图

最后一个问题：在谈话前我的成本与担忧有多高呢？这两者是基于我对未知的恐惧，所以可以说是达到了突破天际、不可逾越的夸张程度（图 1.3）。然而在谈话之后，她的提议引起了我的兴趣，所以这两个指标略微有些下降。

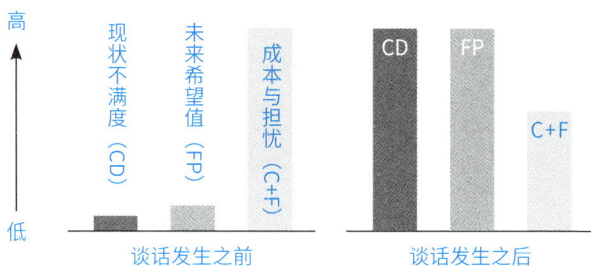

图 1.3　成本与担忧对比示意图

➡️ 顾客的情感海拔

我将这个故事中呈现出来的因素统称为情感海拔（emotional altitude）。情感海拔对购买意愿有至关重要的影响，也因此解释了跟单的必要性。我会在第 2 章里进一步探讨情感对购买过程的重要影响。而目前大家只需要记住：没有情感的投入，你就达成不了交易。这一点毋庸置疑。

情感海拔反映了购买公式中两种激发要素的层级：现状不满度和未来希望值。简而言之，当顾客对现状非常不满，而又对销售员提出的解决方案充满希望时，他们就会做出购买决定，反之则不会。请注意，现状不满度和未来希望值都是情感要素，它们是通过引发我们内心深处的某种感受来对购买意愿产生影响的。

换言之，顾客的购买意愿不是直接基于对现状的不满，而是基于内心深处对这种不满的情感反应。对于未来希望值来说亦是如此，这其中存在的情感联系才是决定性的因素。

现在让我们回到刚才的故事。我告诉这名销售员（或者说代笔作家），我会和团队商量一下，请给我们一点时间考虑考虑。我对这个提案其实很感兴趣，但当时手头还有工作，所以没有立即处理这件事情。她主动提出想要和我的任意一名团队成员先聊一下这项提案——非常好的策略！但我还是婉拒了，谈话就此结束。

现在暂停一下，我们来想想下一步有多重要。这是整本书不容错过的要点。

聪明的销售思想家们，现在回答我一个重要的问题：故事中的这位销售员应该什么时候跟单？

我会在后面分享自己的看法，但答案肯定不是三周后。因为在这个故事中，我就是在三周后才收到跟单邮件的。

那么，在收到邮件前的三周里，我的生活中都发生了哪些事？

- 我去 4 个州做了主题演讲。

- 我收到了超过 3000 封电子邮件。

- 打出或者接到几百通电话。

- 去了夏威夷度假。

- 在长达 11 天里把工作抛到了脑后。

- 回到家里时看到了数不清的电子邮件。

- 为了清理邮件按坏了计算机的删除键。

在这样的情况下，我收到了她的跟单邮件。那么在这个时间点我的情感海拔有多高呢？大概是低至图表上无法显示的程度了。

现在明白我的意思了吗？这名销售员前功尽弃、回到了原点，又得重新攻略一个脑子里塞满了其他事情的顾客。

你可能认为这是一个关于跟单速度的故事，实则不然。

这是一个关于尊重或者缺乏尊重的故事。

优秀的销售员能够与顾客建立良好的关系、为他们提供价值并帮助他们获益。

—— 杰弗里·吉特默（Jefferey Gitomer）

核心理念

让我们换个说法，如果你想要正确理解跟单，请记住：高效的跟单必须建立在良好的顾客关系和优秀的服务意识上。这两个要素缺一不可。

只有当你已经与顾客建立了相互信任的关系后，才能在此基础上进行跟单。而跟单的时候你要始终以服务顾客为目标。

▶ 坏消息

各位读者，数据不会说谎。让我们看一下令人悲哀的行业现状：

- 44%的销售员只尝试了一次跟单就选择了放弃。
- 销售代表和一个潜在顾客的平均沟通次数只有两次。
- 42%的销售代表感觉缺乏足够的信息来进行电话跟单。
- 80%的跟单电话转到了语音信箱，而首封语音邮件中的90%都没有得到回复。
- 85%的顾客和潜在顾客对销售员提供的跟单服务不满意。

对于大多数人来说这是个坏消息。然而这却给能够把握机会的销售员带来了优势。只要你走对了路，就能成为销售行业中的佼佼者。成功唾手可得，何不学而取之？

▶ 谬见

过去你可能会有这样一些错误的想法：

- 我宁愿去跟新的销售线索。
- 顾客已经拒绝过我了，所以这笔交易已经失败了。

- 我不想去叨扰别人。

我只想问你一个简单的问题：你希望自己能实现什么程度的成功？因为你对跟单的这些看法就是成功之路上最大的阻碍。

听着，我不想坐在这里敲敲键盘然后告诉你：100% 的跟单电话会有回报，或者 50%，或者更差一点，25%。因为实际上我根本不知道这个数据，你也不可能知道，所以你能做的就是尽力而为。

跟单在很大程度上就像是市场营销，可能只有 10% 的营销是有效的。可问题在于我们永远不知道其中哪 10% 的努力带来了回报。

你同样不会知道哪一次跟单电话会让你达成一笔交易。因此，请牢记下面这两句话：

你不去尝试，就肯定没有机会。

——韦恩·格雷茨基（Wayne Gretzky）

每一次失败都让你离成功更近一步。

——在曾经叱咤风云的诸多销售专家中，我只想把自己的成就归功于我的英雄，金克拉

事实便是如此，每一通跟单电话都会让你向成交迈近一步。

所以真正要问的问题是这些：

- 你有多么需要胜利？

- 你有多么渴望胜利？

- 成功对你来说有多重要？

在这里我想引用赛斯·戈丁（Seth Godin）的话："或出类拔萃，或急流勇退，只有失败者才会不上不下、不知进退。"

▶ 付出才有回报

如果不掌握跟单的准则，你能够在销售行业勉强过活吗？

当然可以……如果你只有这点燕雀之志的话。

然而销售明星们会对"勉强过活"的工作目标嗤之以鼻。在他们看来，只有不思进取、想在销售行业混日子的人才会如此消极。我相信你的理想远不止于此！

如果你不是一个只想混口饭吃的平庸销售员，那就开始坚持跟单，直至达成交易。

现在，请诚实地完成下面的句子。

"过去我认为跟单是……"

"从现在开始，我会把跟单看作……"

你的跟单理念会影响你的职业生涯乃至整个人生，而你的跟单服务也会改变顾客的生活。

▶ 自问自答

1. 你如何向顾客展现出对他们的关心？列举一些具体的行动，不要只告诉我一些销售话术中的礼貌用语。

2. 你在多大程度上会遵循跟单的核心理念，包括与顾客建立良好的关系以及为顾客提供优质的服务？回忆一下你是否在某次销售中同时做到了这两点。

3. 思考一下你最近的一次重要购物经历。在你和销售员谈话之后，你的生活中发生了哪些事情，促使你最后做出了购买决定或者把这件事忘得一干二净？

4. 你往往在什么时候会放弃继续打跟单电话？在第一次、第二次还是第三次失败的尝试后？在你放弃跟单的这些经历中，你是否认为自己错过了一些本可以达成的交易？

5. 你曾经用哪些谬论说服过自己不要去跟单？这种自我说服的内心独白是如何阻碍你达成交易的？

▶ 付诸行动

　　读这本书的时候记得准备一本空白的笔记本，把你的想法、担忧、恐惧、疑问和焦虑都随手记下来。这些思考和感受会让你带着更清晰的目的性去阅读本书。

第 2 章　爱上跟单

> 顾客不是因为忍受不了你的再三叨扰才只好下单，而是因为你比任何人都要更关心他们。

▶ 顾客购买时的心路历程

顾客："容我考虑一下，之后再联系你。我很喜欢这辆自行车，但是我需要时间思考。"

销售员："我能理解，这确实是件大事。但是这辆自行车真的很棒，如果您还有什么具体的顾虑可以告诉我，我可以向您做进一步说明。"

顾客："不用了，你已经提供给我足够多的信息了。只是我这边还需要确认一下开销是否在预算之内，因为这辆车的价格肯定超出了我的预期。等我逛一圈回来再做决定吧。"

销售员："除非您今天就决定买这辆自行车，否则我不能保证已经报给您的价格不会上涨，这一点还希望您理解。"

顾客："当然，我可以理解，谢谢你的帮助。但是我不准备今天就做决定，无论是你们还是其他家的自行车。"

销售员："没问题。如果您有需要随时可以找我。我敢肯定这绝对是最适合您的自行车。"

顾客："谢谢，之后再联系。"

接下来会发生什么？首先从销售员的角度来看，你可能会：

● 对刚才的沟通和报价很满意，信心十足地继续工作。

● 感觉自己刚才的发挥很完美，无论是细致扎实的销售展示，还是在顾客表示需要考虑时不屈不挠、寻求成交可能的毅力。

● 在心中已经记下了一笔成功的交易。

● 告诉店长这笔交易十拿九稳，已经可以算作今天的销售业绩了。

● 告诉下一个感兴趣的顾客这辆自行车已经有人预定了。

接着从顾客的角度来看，他们可能会：

● 对刚才的协商和砍价很满意。

● 算完账后觉得这个价格可以接受。

● 对这笔开销还是有些担心，于是先搁置起来，待以后再做决定。

● 工作不顺心，压力直线上升，引发了两天的偏头痛。

● 在一周之后把这件事忘得一干二净。

为什么销售员志在必得的这笔交易最终没有达成呢？销售员在跟单过程中犯了哪些基本错误呢？

全球各地无数销售员日复一日地重复着同样的错误，准确地说是两个错误：

1. 销售员把思考下一步该怎么做的负担转嫁给了顾客。

2. 销售员没有去跟单。

这样的错误还要在销售场景中重复多少次呢？

在现实中，顾客的购买决定往往是基于情感的。如果销售员没有持续跟单，这种情感就会逐渐衰退。时间一长，原本很可能购买的潜在顾客也会完全忘记自己曾经感兴趣的这笔交易。

▶ 回顾情感海拔

我在前面介绍了"情感海拔"这个概念，现在我会进一步阐释它。你必须了解顾客在购买过程中的心理活动，尤其是情感海拔。我将其定义为"顾客在一个决策情境中投入的正面情感的水平"。

求婚需要在情感海拔较高的时候进行。与老友的重逢会提升情感海拔，贴心友好的服务员端上来的美味佳肴也能提升情感海拔。除此之外，买到一件很酷的夹克、一个体育纪念品或者一辆新车都会让你的情感海拔高居不下。

在谈到情感海拔这个概念时，我们需要注意，情感海拔的高低并不取决于顾客投入的是正向情感还是负面情感，而是取决于顾客投入了正向情感还是完全没有投入任何情感。如果没有情感的投入，顾客就很难做出购买决定。

为什么情感海拔如此重要呢？为了回答这个问题，我们首先得弄清楚购买决策在多大程度上是基于情感的，又在多大程度上源于逻辑。

在我创作的播客《买家心理》（*The Buyer's Mind*）中，为了理解顾客做出购买决定的心理过程，我采访了心理学家、行为经济学家以及顶级的市场营销专家。

节目中最迷人的嘉宾之一是来自丹麦的学者马丁·林德斯特伦（Martin Lindstrom），他在消费心理学的研究领域声名显赫。在一次广泛研究中，林德斯特伦通过功能性核磁共振成像（functional Magnetic Resonance Imaging，fMRI）观察了受试者在进行购买时的脑部活动。他清晰地记录下了受试者在做出购物决定时其大脑不同区域的活跃程度，结果发现购买决策的 85% 是基于情感，而只有 15% 是基于逻辑的。

没错，85%！这个惊人的数据很大程度上打破了我们对销售的固有观念，更不必说销售讲师们这么多年来传授的一大堆经验了。

接下来，让我用时间轴来呈现一下本章开头的故事中跟单对情感海拔的影响变化（图 2.1）。

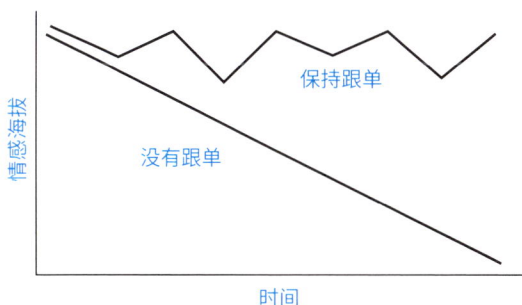

图 2.1　跟单对情感海拔的影响

要点：在购买过程的一开始，顾客会产生一定的情感体验，而随着时间的推移，顾客的情感海拔会逐渐下降。当情感海拔下降到一定程度时，顾客会完全忘记一开始的情感体验以及与销售员的沟通内容。

➡ 顾客的需求是什么

如何有目的、有策略地让顾客维持一个高水平的情感海拔呢？想必大家已经猜到了答案，那便是跟单。

顾客需要销售员去跟单，但跟单并不是自以为是地往顾客的大脑里填塞数据和信息，因为这样只会让他们产生更多心理负担。销售员需要做的是帮助他们维持一定程度的情感投入。

和销售过程的其他所有环节一样，销售员不能以自己为中心。跟单不是单纯为了拿下订单，不是为了给销售员减少麻烦，不是为了生搬硬套地实施顾客关系管理（Customer Relationship Management，CRM）策略，而是通过提升顾客的情感海拔来服务他们。

假如你是顾客，你为什么希望销售员能跟单呢？

守株待兔不可取，主动出击才能赢。

——A.A. 米尔恩（A. A. Milne）

回过头来思考一下本章开始时的场景。顾客为什么想要买一辆自行车？他一开始是怎么产生这个想法的？可能是为了锻炼身体、保持体形；也可能是因为他厌倦了室内健身；抑或是他梦想有一天能参加自行车赛。

无论顾客最初的购买动机是什么，他的初衷改变了吗？他的问题得到解决了吗？或者他还需要一辆自行车吗？或许他的心思已经转移到别的事情上了，他的情感海拔则早已降了下去。然而他仍然是一个购买自行车的潜在顾客，不是吗？那么现在他对销售员的需求是什么？

他可能需要这样的跟进沟通：

● 基于关系的：能够强化两人之间已经建立起来的相互信任的关系。

● 受服务驱动的：让顾客感受到销售员对其最大利益的真切关心。

● 情感积极的：能够为顾客的情感之火添柴，让顾客维持随购买意愿而产生的情感体验。

把这些要点牢牢记住，你就能信心十足地打电话了。

▶ "掌心向上"还是"掌心向下"

你还需要思考另一个至关重要的跟单理念。我想不起来最初是在哪里听到过这么一句话，所以不能告诉你具体的引用来源，大意就是建议销售员评估自己在跟单的过程中是"掌心向上"还是"掌心向下"。

想象一下你正面对着顾客，然后做出伸出双臂的姿势。这时你的手掌是向上还是向下的？

如果你的掌心向上，那么说明在接下来的协商中你要表达的是索取的欲望。你可能在心里想的是"给我一些好处，在这种情况下就是请购买我的产品"。

掌心向下则意味着你准备在接下来的谈话中给予对方某些东西。"我给你准备了这些东西，希望它们对你的决策有参考价值"。

| 业界人士有话讲 |

不是只有你一个人（目前仍然）对跟单缺乏十足的兴趣。销售行业调研显示，只有 18% 的从业人员回答说他们热爱跟单。与之相对，只有 3% 的人厌恶跟单。多数销售员（大概 55%）对跟单采取不冷不热的态度。看来在激发销售员跟单热情、督促销售员跟单行动和传授销售员跟单策略上我们还有很大的提升空间。

你对这件事的态度如何？你对跟单有什么感受？

永远记住：跟单的核心在于给予，而不是索取。

➡ 跟单理念的转变

我希望各位能努力改变自己对跟单的观念。你们可以先采取本书所提出的修正后的理念，把握以下三个跟单的要点：

- 基于良好的关系。
- 受优质的服务驱动。
- 投入正向的情感。

当你接受了这种新的观念，并且开始使用与之配套的策略、系统和技巧，你就会因为做出了正确的选择而事半功倍。当你向顾客证明了你对他们的关心无人能及，他们自然会欢迎你的来电并乐于和你谈生意，那么最终这笔交易就非你莫属了。

你不是在销售，而是在和顾客交朋友。

——凯瑟琳·巴尔凯蒂（Katherine Barchetti）

记住：顾客不是因为对你的叨扰不厌其烦才决定购买，而是因为你比任何人都要更关心他们。

⬤ 自问自答

1. 你的销售实践在多大程度上符合跟单的核心理念：基于良好的关系，受优质的服务驱动并且投入正向的情感？你是否在某一次销售中同时做到了这三点？展开描述一下哪些销售中你是怎样跟单的，并分享一下你最终的跟单成果。

2. 思考一下近期的一次购物经历。实话实说，你的购买决定大概有多少百分比是基于情感而不是逻辑的。

3. 回想一下近期有没有本打算购物但是因为被某些事情分心

而最终没有下单的经历。你从销售员那里获得了怎样的跟单服务？你觉得他 / 她有没有什么可以做得更好的地方？

▶ 付诸实践

翻出一些尘封许久的跟单线索，仔细查看当时的沟通记录和采取的跟单策略。你的跟单是否满足以下三点要求：

● 基于良好的关系。

● 受优质的服务驱动。

● 投入了正向的情感。

从以前的沟通记录中你能总结出什么样的经验教训？

现在，把复盘所学的经验教训应用到正在进行的跟单中。趁着你对本章的概念还记忆犹新，不要拖延，立即去做这件事。追踪记录这条跟单线索的成果，来看看你做出的改变是否立即产生了效果。

第3章　战胜抗拒心理

> 销售员必须学会跨越名为"抗拒心理"的叹息之墙。为了战胜这个敌人，你必须用强大的心理策略武装自己。

⇨ 开始跟单

是时候打几通跟单电话了。来看看哪些事情可能会占用我们的跟单时间。

- 填写任务报告。
- 检查电子邮件。
- 查看社交媒体（一定能发现一些销售线索，对吧）。
- 在互联网上观看一个振奋人心的视频（当然，这是为了鼓起勇气去打跟单电话）。
- 在互联网上看看失败集锦（正好你还没退出网络，看看又何妨）。
- 用牙线清洁牙齿。
- 再查看一下社交媒体。
- 转发一条搞笑帖子。

- 无所事事地盯着天空，幻想一下外星人入侵的场景。

- 从可视门铃的显示屏上看看你的快递是否送到了。

- 花四十分钟在购物网站上搜索降噪耳机。

现在，还剩二十分钟你就要出门，已经没有时间打电话了。

好吧，看上去也没有那么糟糕。然而能够意识到跟单价值和好处的销售员永远不会这样消磨时间。顶尖的销售员早已养成了跟单的习惯，他们可没有时间无所事事，也不会用一大堆不跟单的借口来说服自己。

▶ 数据不会说谎

销售跟单的行业形势不容乐观，从下面几条数据里可见一斑：

- 50% 的交易在第五次沟通之后才达成。

- 销售代表平均下来只会联系一个潜在顾客两次。

- 44% 的销售员在尝试过一次跟单后就鸣金收兵了。

- 92% 的销售员在第四次跟单未果后还是忍痛放弃了。

- 60% 的顾客会在成交前拒绝销售员四次。

两种相抗的力量始终在销售员的大脑中搏斗。人见人爱的正义使者、作为成功典范的成就驱动力站在擂台的一角，而另一边则是作为反派角色的抗拒心理。

◆ 抗拒心理

如果你未曾读过史蒂夫·普莱斯菲尔德（Steven Pressfield）的当代著作《艺术之战》，那实属人生一大憾事。普莱斯菲尔德向我们介绍了抗拒心理，一种无法观测却又强大无比的阻力。这种阻力会降低我们的工作效率，成为我们成功路上的绊脚石。

抗拒心理可不是无关紧要的对手。它源于我们的内心，自我诞生，永不休止，是内在的敌人。

——史蒂夫·普莱斯菲尔德（Steven Pressfield）

抗拒心理有多种形式和多个名字。拖延症、恐惧、缺乏自信、借口、分心……它们都是抗拒心理的产物。

抗拒心理的产生有很多原因，但是最基础和普遍的原因是人们安于现状的生活态度。

我曾经写过一整本书（《勇敢完成交易》）来介绍这个话题，这里仅提供一个简单版本：我们都乐于待在舒适区，因此会倾向于避开一切令人不适的事物。除非能控制这种安于现状的心理，否则我们永远难逃抗拒心理的魔爪。

接下来我将介绍一些常见于销售员的安于现状的情形：

拖延症：在面对安逸的事情时，人们往往不会拖延。比如说你喜欢的球队正在比赛，你就会马上去观看。拖延症的真正原因是要做的事情令我们不安。

电话恐惧症：害怕打电话的销售员比你想象的还要多。许多线下能说会道的销售员打起电话时就变得不善言辞了。因此，安于现状的他们往往不会努力打电话跟单（我将在第 10 章着重讲这个问题）。

回避顾客的质疑：顾客可能会对价格、网络差评或者产品规格等问题提出疑问。你对这些疑问的回应或者逃避的方式能够反映你安于现状的程度。

害怕交易失败：许多销售员缺乏的并不是能带来成交的销售结束语，因为能使用精彩话术的人比比皆是。他们往往缺乏的是强大的自信、正确的理念和有效的说服力。

跟单的压力：这就是我写这本书的主要原因。

当然，并非所有销售员都安于现状，不同的人安于现状的程度也各不相同。但可以肯定的是每个人或多或少都会想要待在自己的舒适区里。我强烈建议你去读一下《勇敢完成交易》这本书，它会让你对安于现状的心理有深入透彻的理解。我敢保证，勇敢的人生一定是令人满意、富有回报和乐趣无穷的。

| 业界人士有话讲 |

根据我们的调查，销售员们因为各种原因放弃跟单的占比如下：

时间不够：40%。

枯燥无味：25%。

预期成功率低：24%。

害怕被拒绝：19%。

电话恐惧症：11%。

显然，这些数据加起来超过了百分之百，因为许多销售员面临着不止一种抗拒心理的阻碍。

▶ 关于抗拒心理的讨论

忽视抗拒心理的影响是多年来不少销售员业绩不佳的一个重要原因。而对于另一些销售员，克服抗拒心理则是为他们带来成功的魔法秘诀。

销售员对抗拒心理的应对方式会对以下这几个方面产生重要影响：

● 自信：如果能在面对抗拒心理之前就知道如何应对它，那么你会信心倍增、志在必得。

● 经理的信心：自信勇敢的销售员总是备受销售领袖的青睐。

● 职业生涯：如果你安于现状，不思进取，你的职业生涯就会止步不前，而这还只是最好的结局。长时间地待在舒适区里的人很少能够善终。

● 顾客的幸福：明确地说，顾客需要你谦逊的勇气。他们需要你提供尽职尽责、独一无二的真诚服务。

➡ 如何理解抗拒心理

抗拒心理并不是一种特殊现象，因为我们的大脑生来就肩负着自我保护的使命，它的首要工作就是保障我们的生存。

问题就在于，我们会把任何引起不安的事物都视作威胁。当我们遇上一桩苦差事，大脑就会敏感地察觉到威胁。脑袋里掌管本能和直觉的部门就会给负责认知的部门传达一条至关重要、万分紧迫的指令：快跑！

在物质上越发富足和安逸的人类社会中，我们开始对情感上的威胁高度敏感并会做出相对的反应。在《你的生存本能正在杀死你》这本书中，作者马克·舍恩博士（Dr.Marc Schoen）这样说道："尽管我们的生活正变得越来越舒适，但我们也开始对令人不安的外在刺激变得愈发敏感，以至于微不足道的逆境和不安都能够引发恐惧并危害我们的身心健康。"

始终牢记，大脑的本能常常会告诉我们一些错误的信息。如果你想要走出舒适区，那你必须首先学会预测这些错误的信息并且提前准备好应对的措施。

➡ 克服抗拒心理

以前我会"偶尔"（通常就是在看牙医的前一天）用牙线清理自己的牙齿。而如今我每天都会这么做。

以前我会任由电子邮件成百上千地堆积在邮箱中。而如今我每天都会清空自己的邮箱，处理好每一封邮件。

以前我会在一天中很晚的时候才开始打销售电话。而如今我把这项工作挪到了清晨。

我是如何做出这些改进的呢？答案是在抗拒心理抬头之前就准备好应对措施，把它扼杀在襁褓中。

如果你想要成功，就得先明白抗拒心理是大脑中的一种心理防御机制，然后学会掌握自己的内心。幸运的是，你的确拥有选择自己思维模式的自由。

一个人可能被剥夺一切，但他在任何情况下选择自己的态度和方式的自由无法被剥夺，这是人类最后的自由。
——维克托·弗兰克尔（Victor Frankl），《追寻生命的意义》

应对抗拒心理的关键不在于方式，而在于时间。最好的时间就是现在。没错，如字面意义所示，每个人都应该从现在开始积极应对自己的抗拒心理。

如果我等到抗拒心理找上门来才开始思考对策，那么大脑的本能就会立即接管一切，并且下达一条坚决的指令：溜之大吉。

但是如果现在就开始未雨绸缪、思考对策，我们就能基于理性和逻辑做出决策，进而在陷入抗拒心理的泥沼之前就制订好行动方案。

为了避免某一天牙齿突然出问题，我每天都会用牙线清洁牙齿。我每天都会清空邮箱，这样就不用在哪天打开邮箱时面对堆积如山的邮件而无从下手。我每天很早就开始打销售电话，因为在工作之前我就已经制订好了一天的计划。

未雨绸缪在生活中的方方面面都很有用，这对于跟单也不例外。你可以现在就开始认真思考：当你需要进一步跟单的时候，你应该如何去应对随之而来的抗拒心理。

| 业界人士有话讲 |

当我们提问"阻碍跟单的原因有哪些"的时候，其中的一个回答是："有时我就是忘了顾客的具体情况。为了不让自己听起来很愚蠢，我就索性不再联系他们了。"（提示：在读完接下来的内容后用你学到的技能来克服这种抗拒心理。）

➡ 相信自己，你能行的！

来做一个可能有用的小练习。停下手头的工作，回想一下一天中或者一周里抗拒心理很可能出现的时刻，比如说你准备打跟单电话的时候。

那么接下来假设你应该去打跟单电话了，这时强烈的抗拒心理涌了上来，把一大堆不打电话的借口塞进了你的大脑。

我希望你能把抗拒心理想象成一个人。当然，不要把它想象成一个认识的人，而是长着一张恐怖、刻薄、凶恶脸庞的丑陋无比的人。

明白了吗？

接下来，想象一下这样的场景：在你觉得自己应该打跟单电话的时候，这张丑陋的脸庞突然出现在你面前。

不要犹豫，立即捡起一根小木棍，给抗拒心理当头一棒。用你最大的力气直接将其击倒，为自己清理出一条前进的道路。

接下来的章节，我会展示一些方法和理念，它们将能够帮助你更加轻松高效地掌握跟单技能，并且让整个学习过程充满乐趣。亲爱的读者朋友们，抗拒心理不足挂齿，你们一定能轻松克服它，然后成为杰出的跟单大师。

最后我还想告诉大家，在撰写这个章节的时候，我自己也在和抗拒心理做着斗争。尽管身边有数不清的令人分心的事情，我还是毫不犹豫地击败了抗拒心理，开始了本章的创作。五分钟以后，我再次击败了它，并且没过多久又重复了一遍这场战斗。

只有当你意志力薄弱的时候，抗拒心理才会成为强大无比的敌人。你能够选择变得比它更强大，并且没有人能够左右你的决定。

战胜抗拒心理，然后祝它安息吧。

➡ 自问自答

1. 对你而言，抗拒心理主要会表现为哪些形式？

2. 在生活的其他方面中，你是否曾经战胜过抗拒心理？你是如何击败这个对手的？

3. 你能够将战胜抗拒心理的方法应用到生活中哪些其他的领域？你最好能让这种观念的改变为你带来更大的好处！

4. 你是否在读完本章后尝试了用木棍击倒抗拒心理的练习？你是否成功地克服了抗拒心理并且完成了跟单任务？如果你做到了，奖励一下自己然后继续努力！

▶ 付诸行动

挑选一个妨碍你进行跟单的抗拒心理的要素。

当你需要跟单的时候，你会面临哪些让你感到不安的事情？回忆一下这样的时刻然后将其记录下来。

你能够提前制订怎样的应对措施来击败这种抗拒心理？

策略

第二部分
PART 2

第 4 章　准备跟单

许多销售员认为跟单只是销售过程中孤立的一个环节，它发生于初次沟通一段时间之后，两者并无实际关联。然而实际上交易过程只包含一次整体的、长时间的沟通，它开始于和顾客的初次联系，并且从未真正间断过。

▶ 你真的需要跟单吗

在一个理想的世界中，销售员并不需要去跟单。这种说法在一本致力于倡导跟单的书里看上去或许有些不可思议。然而在事事如意的世界里，销售员完成销售展示后就能与顾客达成交易，自然也就不需要后续跟单了。

尽管跟单是不可或缺、至关重要的行为准则和职业习惯，但我还是要负责任地提醒你，一锤定音地达成交易永远是省时省力的首要选择。

如果大家对此没有异议的话，我们就继续往后看。

毫无疑问你也希望在初次销售展示中一蹴而就，拿下订单。

然而当顾客说出"我还要再考虑一下"时，你就要立即做好全程跟单的准备了。

➡ 跟单的紧迫性

人们的购买行为建立在情感需求上并且受到逻辑的支撑。我们在内心深处始终是一种情感动物，因此一切行为都受到情感冲动的驱使。诺贝尔奖得主丹尼尔·卡尼曼（Daniel Kahneman）的研究表明，当人们的情感冲动被剥夺时，他们的决策水平会有所下降。

那么情感和跟单有什么关系呢？

跟单能够缩短购买周期。这一点至关重要，因为人们产生了购买意愿而没有做出购买决定的时间越长，他们就越有可能遗忘最初的情感冲动。顾客会开始花更多时间来分析利弊，而他们的大脑会因为塞满了各种数据和细节信息而变得麻木。随着时间的推移，顾客决定购买的可能性就会逐渐下降。

我们所担心的可能就是被称为"情感抽离"的心理现象。该现象表明，人们在决策上花的时间越长，决策的结果就越可能与情感冲动脱钩。

这就意味着缩短购买周期对于销售员来说是必要而紧迫的。你必须竭尽所能，在最短的时间内达成交易。

让鱼雷见鬼去吧！我们要全速前进！

——大卫·法拉格特（David Farragut)

设想一下，你正在逛商店并且看中了一双鞋。你非常喜欢这双鞋子，甚至已经开始脑补它们和你最喜欢的牛仔裤搭配在一起的样子。对你来说，X 美元已经是你能接受的最大开支了，然而这双鞋的价格还要再加上 100 美元，这显然超出了你的预算。

如果你决意要购买这双昂贵的鞋，那么你很可能当场就掏出了钱包。一旦你决定货比三家，再"认真考虑一下"，那么你最终购买这双鞋的可能性就会大幅度降低。

原因很简单，情感冲动能够促使我们当场做出决策，然而时间的推移会将这种情感冲动从我们身上抽离出去。

▶ 延续的交谈

顾客可能要经过数天、数周甚至数月才会下定决心，但对于销售员来说，整个销售过程其实只包含一次长时间的、有间隔的沟通。销售员的目标就是在这段时间里始终维持顾客的情感动力。

许多销售员会孤立地看待销售过程中的每一次对话。然而这些对话彼此关联、共同构成了一个整体，而非仅仅是在时间上相继发生，但彼此独立的个体。

要想保证跟单的完整性和一致性，最好的办法就是在一开始就做好长期沟通的准备。如果你能在初次销售展示中就想好接下来如何与顾客进一步沟通，你的跟单水平一定能突飞猛进。在之后的每一次沟通中，你都应该做好下一步的打算。这就是一种在沟通的同时制订好后续计划的步步为营的策略。

我的朋友迈克·昆克尔鞭辟入里地阐释了这一点："如果你想在初次会面后跟单顾客，那么我能提供的最好的建议就是转变你的观念，在初次沟通的过程中就预定好下一次沟通的时间。25 年前，我的一位导师给我分享了名为'HAM–BAM'的跟单方法，这个缩略词代表着'交谈的同时预定好下一次见面时间'（Have A Meeting, Book A Meeting）。在两次沟通的间隔，你应该整理初次交谈的记录，汇总从中了解的信息，包括顾客面临的挑战、想要实现的愿望以及为什么想要实现这个愿望。同时，你也要设定好下一次沟通的日程、目标和预期成果。"

有用的小窍门：

- 通过深入的提问来更好地了解你的顾客。

- 留意那些容易被忽视的细节。

- 确认那些需要被解决的问题。

- 在后续安排上和顾客达成一致。

▶ 在销售展示中应该做什么

首先要保证这个过程万无一失。销售无小事，处处是大事。在销售展示过程中收集到的珍贵信息能够让你为顾客量身定制详尽的跟单策略。

因此，我非常鼓励大家多记笔记。当然，不要只关注顾客的价格偏好和特定需求。你还可以记录下他们的兴趣爱好、家庭状况、受教育情况和其他一些利益相关的事情，因为任何信息都有可能在跟单的过程中助你一臂之力。

上次我去检查牙齿的时候，牙医问及了半年前我手头的一个项目。我敢打赌他当时把这件事情记了下来，并且在我进门前翻看了一下笔记，否则他绝对不可能在半年之后还记得这么清楚。你以为这件事情会令我反感吗？完全没有！我反而觉得这位牙医非常关心自己的顾客，所以才会事无巨细地记录下顾客的信息。

在销售展示中勤记笔记对于了解顾客的痛点来说尤为重要。如果你能帮助顾客解决问题，那么你的跟单就具有了额外的价值。

案例 1

你的顾客在很大程度上要看领导的脸色来做决定，而他的领导又非常讨厌销售员。接下来你就可以对症下药，分享一些能为对方公司创造更多营收的重要情报，以此来赢得这位领导的信任。比如说，你可以分析一下双方的产品或服务的结合所产生的协同效应，以及这种效应所创造的价值和竞争优势。

案例 2

你了解到顾客喜欢养狗并且常常带着他的狗四处旅行。在知道这件事后，你该如何为顾客提供有用的信息？或许你可以分享某个网站或者博客，上面列出了全国各地允许宠物狗进入的旅馆、餐厅、公园以及其他场所。

案例 3

一名亚特兰大的房屋销售新人得知顾客是一位即将离异的母亲，她还有两个正在学习空手道的孩子。这位可怜的女士正在同时经历离婚和买房的烦心事。在跟单的过程中，销售员做了一些调研，然后向她推荐了此地最受好评的空手道道馆。这样一来，她就少了一件需要操心的事情。

案例 4

一名波士顿的工业供给销售专家发现一位潜在顾客商店的附近开了家新餐厅。于是，他拜访了这家餐厅并且和老板进行了协商，最终为顾客的团队争取到了一些免费的午餐券。

跟单的一个关键之处就在于，你必须把握一切能吸引顾客情感的机会。我不是在说你要表现得自作多情或让顾客变得多愁善感，而是希望你能始终维持顾客的情感冲动，这是一种能推动他们做出决定的神奇力量。通过这种方式，顾客也能在购买过程中享受到乐趣。

┃ 业界人士有话讲 ┃

我们问了调研组的人有多么擅长跟单，其中 12% 的人回答说他们就是跟单领域的超人（这可太棒了！）。这些超人销售员中没有一个人认为跟单是毫无乐趣的。没错，这是一句双重否定，也就是说，这些人认为跟单是一项其乐无穷的工作。

▶ 总结

正如我在本章开头所言，你应该在与顾客的初次沟通中就竭尽所能地争取成交。我之前撰写的《成交 2.0》可以传授给你一种有用的方法。

这种方法被称为"下一步成交"。它简单直白而富有逻辑性，主要体现在与顾客的交谈中，例如下面的话术：

"很荣幸得知您喜欢我们的产品（或服务）。接下来您就可以坐下来签署购买协议了。请问您意下如何？是否愿意现在就签署合同呢？"

这个问题非常简单，只需要顾客回答"是"或者"不是"。这一步的真正要点在于，你应该以一种随意且熟络的口吻去试探顾客的想法。如果你的语气过于正式和严肃，那么你就会前功尽弃。

如果顾客同意了，你就可以庆祝成交了。

如果顾客拒绝了（准确来说，"让我再考虑一下"），你就应该立即争取和顾客达成协议，预定好接下来的一次或多次跟进沟通。

弄清楚顾客拒绝的原因，然后想方设法地维持谈话。如果你们的谈话进入了死胡同，那么立即与顾客约定好后续的沟通时间。认真思考一下"如何能在跟单中以最好的方式服务这位顾客？对顾客来说最有用的东西是什么？"

销售员必须自始至终掌握对下一步行动的主导权。然而现实是销售员常常会听从顾客的安排，被他们牵着鼻子走。

顾客可能会说，"我需要先和某些人商量一下"，或者"我还需要确认某些相关信息"。

在这种情况下，一个软弱的销售员就会让顾客掌握主动权，而聪明的销售员则会进一步询问，然后尽力解决顾客的问题。

接下来的行动计划应该由双方共同商定。我非常喜欢用"让我们这样做"作为跟单的开场白。

这句话意味着两点：你在接下来的行动中扮演着重要角色；你已经有了具体的行动计划。这样销售进程就不会戛然而止，你也能够自然而然地引出接下来的话题。

这种话术的要点在于你必须提出具体详细的行动计划。在销售实践中，你可能会这样表述：

"您想先和财务部门讨论一下？当然没问题。那我们先研究一下如何定制您需要的特色功能。让我们周三下午再进一步沟通如何？那时我就能提供您需要的全部信息了。您看 10 点有空吗？"

⬛ 最后的印象

一旦你和顾客商量好了接下来的计划，就要确保以一种积极的态度和强有力的口吻结束对话。人们总能记住一段经历收尾的方式。如果处理得当，这场对话的结束方式会给顾客留下深刻的印象，甚至会覆盖先前发生的其他事情[1]。

---

[1] 心理学上的"峰终定律"认为：人们对一段体验的评价主要是基于其高潮（例如感受最强烈的时候）和结尾部分，而不是基于整体或每个部分的平均。

近日，我和妻子在加利福尼亚州扬特维尔镇的法国洗衣房餐厅享用了晚餐（我们当然不会仅仅为了饱腹来到这种高档饭店）。在我们离开之际，女迎宾将我们送到了门口，表达了一番感恩之情，并且递给我们一个文件夹，里面写满了这顿晚餐的详细信息，包括食材的来源和厨师的介绍等。这就是一种令人印象深刻的绝妙方式。

要充分发挥自己的创造性，认真思考如何与顾客告别并给对方留下深刻的印象。别忘了，顾客下一步很可能去查看其他的方案。如果能在谈话结束时尽可能增加更多的记忆点，那么你就更有可能在最后的竞争中脱颖而出。

➡ 时不我待

什么时候开始跟单最能让顾客难忘呢？尽管这取决于具体情况，但是只要方法得当，再早也不为过。

暖心提示：你可以采用"尾灯跟单"的方法。

假设你是一位零售行业的销售员。你刚刚与一位顾客聊完，从办公室里正好能看到他开车离开停车场，汽车的尾灯映入了你的眼帘（如果你看到顾客走路离开或者你自己从顾客的办公室离开，这种方法依然有效）。

此时你应该立即拿起手机然后发送一条类似于这样的短信：

"我非常享受和您的交谈。明天早上 10 点钟我会准时给您打电话。"

如果做到了这一点，你会收获怎样的成果呢？

- 让顾客感受到自己的重要性。

- 从其他竞争者中脱颖而出。

- 预定好下一次会面。

- 展示出你的主动性。

- 通过及时的跟单表现出你对顾客的尊重。

- 让对方知道了自己的手机号码。

恭喜你拿下了六分！

▶ 使用顾客关系管理系统

接下来，你需要立即把顾客的信息录入顾客关系管理系统中，不管是写在笔记本电脑中，还是输入一个复杂的电子系统中。你等待的时间越久，越有可能遗忘这些信息。不要指望你的大脑能记住所有的重要细节。

但是只记住信息是不够的，你还需要铭记当时的感受。一定要趁着情绪高涨的时候把信息录入顾客关系管理系统中。如果你仍然对刚才的沟通意犹未尽，那么你会记下更好的笔记并且安排更好的跟单计划。

在每一次沟通后记下一些有趣的事情、微小的细节以及能够驱使你进行跟单的情感动力。

➡ 自问自答

1. 你有多了解自己的顾客？任选两名顾客然后尽可能多地写下关于他们的事情。把关注点放在顾客本身而不是你们的交易上。这些信息将如何帮助你制订下一步的跟单计划？

2. 如果你是顾客，当你与销售员沟通完毕、离开不久就收到了一条"尾灯短信"，你会有什么感受？结合这种感受制订你自己的尾灯跟单短信，要求情感真诚、内容重要、态度积极并且能为顾客提供有价值的信息，字数限制在 140 字以内。

3. 回顾自己在销售沟通上的典型的失败经历。你能对此做出怎样的改进来实现皆大欢喜的结局？

4. 反思目前你正在维持的买卖关系。选择一个你正在积极跟单的顾客，找出他的痛点，然后想出一种能帮他解决问题的创意十足的方法。

5. 有些人会反感对方在交谈的过程中记笔记，但是你确实需要记下这些信息。你会如何机智地告诉对方你要记笔记？如果你想出了办法那就多加练习，避免让自己陷入尴尬的处境。

➡ 付诸实践

在本周中，尽力在每一次对话结束时就预定好下一次沟通的时间。在你做出改变后，不要忘了追踪记录后续的成果和你的进步。注意观察跟单对你和顾客产生的重大影响。

第 5 章　如何避免被排除

> 排除法是一种减轻大脑负担的策略。避免被排除对于想要在竞争中脱颖而出的销售员来说是至关重要的。

➡ 目不暇接的选项

拉里正在为他的备用房挑选一台新的电视机。他现在有一台40英寸的纯平显示器，但还是不够大。拉里热爱足球并且希望和朋友们一起在超大屏幕、顶级品质的电视上观看比赛。他已经迫不及待想要听到朋友们羡慕的赞叹了。这显然会是一笔昂贵的开支，并且从功能上来说也并非必不可少的。

拉里浏览了很多网络测评，去亚马逊和CNET网站上逛了一圈，然后开始思考如何实现尺寸、图形质量和价格的平衡。在开市客（Costco）量贩店里，他花了半个小时检视柜台上的电视。接着他又去百思买（Best Buy）商场看了不下十台电视的配置和价格。

问题在于市面上有太多可以选择的产品了。如果拉里试图比较每个价位的每台电视，恐怕他的大脑会不堪重负。

想要解决这个问题，最好的办法就是排除其中的一些选项。

▶ 大脑是如何加工信息的

人类的大脑高度发达，能够同时处理巨量的信息。但是如果我们能缩小选择范围，就能够更轻松地决策，也不至于感到头疼了。巴里·施瓦茨（Barry Schwartz）在他的著作《选择的悖论》中指出："目不暇接的选项实际上会让我们感到更糟糕。想要更轻松地做出选择，我们必须减少选项。"

这种方法对于决定不了购买哪台电视的拉里来说是很有帮助的。对于想要购买新房的夫妻来说亦是如此。甚至跨国制造公司的代理购买商也可以使用这种策略。

困惑的头脑总是难下决断。

——佚名

选项排除法是一种常见的、合理的购买决策方法。你或许已经本能地使用过这种方法，今天就让我们来了解一下其背后的心理机制。

大脑的信息处理速率奇快无比。此时此刻，你所处的房间里就有无数的信息在同时涌入你的大脑。

大多数信息都被大脑无意识地过滤掉了。当你读这本书的时候，你可能没有注意到房间里的环境音（比如空调、电脑散热风扇、冰箱等发出的杂音）。但是因为我的提醒，你现在可能就注意到了。这些声音其实一直存在于环境中，只不过被大脑无意识地过滤掉了。而当我提醒你之后，你的大脑便开始有意识地接收它们。

这种方便的信息处理机制被专家们称为"双重加工"。该理论认为，大脑会无意识地处理海量的外界信息，所以我们的决策中只有一小部分是受意识控制的。

这个理论对销售跟单有一定的启发，那就是销售员要常常向顾客彰显存在感，避免你的信息被顾客无意识地过滤，但是操作的方式要简单直白。

➡ 最省力法则

大脑之所以会采用双重加工策略，是因为它总是在寻找捷径。它就像是一台节能高效的机器，始终在创造性地探索简化工作的方法。

当我们有很多需要集中注意力才能处理的信息时，大脑就会像这样尝试着舒缓认知压力。当大脑处于认知放松的状态时，决策就会变得轻松许多，因为我们可以跟着感觉走，有时甚至不需要深思熟虑就能做出决定。

事实上，我们的大脑在决策时遵循着一种简单而强有力的心理效应：

轻松 = 正确

当我感觉一件事情越轻松，去做这件事情的动力就越强烈。

正因如此，很多公司才会不断简化流程，这样才能让顾客的购物体验更省心。耐嚼网为顾客提供了一劳永逸的宠物食品购买方案。许多汽车经销商一开始就设定了固定价格，不接受讨价还价。西装定制品牌因多奇诺甚至让顾客不花多少心思就能定制自己想要的风格。

对于顾客来说，轻松的购物体验最具有吸引力。

⏩ 两种理论的联系

那么，排除策略和最省力法则有什么关系呢？排除法能够为简化购物流程提供最轻松的方法，而这种决策捷径将会让我们的大脑处于放松的状态（让顾客省心的方式最具有吸引力，还记得吗？）。

让我们继续回顾拉里的故事，他还在绞尽脑汁地挑选电视。摆在他面前的是目不暇接的可选商品，海量的选项造成了认知紧张的心理状态。为了减轻负担，拉里的大脑将会努力寻找决策捷径。于是，为了更轻松地做出决定，拉里会排除其中的一些选项。而真正有意思的地方在于，他甚至不会意识到自己开始这么做了。

没错，这种排除过程很大程度上是无意识的。如果某个选项看起来或者感觉不太对，或者没能激发顾客的正面情感，它就会被人下意识地迅速排除。这就是为什么商店里的电视机总是在播放一些引人注目的场景，比如意大利的海岸风光、非洲的游猎活动或者令人热血沸腾的足球比赛。商家的目的就是引发顾客积极或者强烈的情感反应。

我们可以用近藤麻理惠的说法来解释这种排除过程：某样东西是否能带给你快乐？如果没有，那就免谈。我们往往会选择轻松快乐的事物，而把艰难无趣的选项排除。

请各位营销人员记住：排除的过程往往会悄无声息地发生。草率的文案、糟糕的陈列以及粗糙的颜色等"无心之过"都可能让顾客下意识地排除你的产品。细节决定成败！

"DWYSYWD"代表"说到做到（Do What You Say You Will Do）"。如果你告诉顾客"明天就给你打电话"，就一定要在次日回电；如果约好了方案提交时间，就准时照做；如果你承诺顾客能解决他的问题，就竭尽所能地寻找答案。说到做到才能够保护你的名声。

——德布·卡尔维特（Deb Calvert）

▶ 两种排除模式

在购买的过程中，顾客会有两种排除选项的模式：

1. 如果顾客觉得"我讨厌这个产品，所以肯定不会购买它"，这便是主动排除。当顾客觉得产品价格太高或规格有问题，或者只是单纯的不喜欢，他们便会有意识地、理性地拒绝这项提案。

2. 无意识排除，就是顾客完全忘记了这个选项，把你的产品和你们之前的沟通全部抛在了脑后。顾客每天都有堆积如山的事情要考虑，如果你不能隔三岔五地唤醒他们对这笔交易的记忆，那么随着时间的流逝，这个选项迟早会被他们忘得一干二净。

萝卜青菜各有所爱，难免会有些顾客主动排除你的产品。然而对销售员来说，顾客无意识的排除则是不可原谅的销售原罪。我们绝对不能因为自己的疏忽大意和漫不经心让顾客逐渐遗忘我们的存在。

跟单就是避免被顾客无意识排除的安全保障。而且最重要的是，它是完全掌握在销售员手中的神兵利器。

本书之前讲过一个代笔作家的故事，她主动提出要帮我写书，但是最后却消失得无影无踪。不知道各位读者是否还记得？在这个故事中，正是无意识排除的心理效应让我最终拒绝了这项服务。对方迟迟没有跟进，所以我只是完全忘了还有找人代笔这么个方案。当我收到对方的跟单联系时，我已经选择了另一种方法并且对其很满意（我会在下一章里阐释跟单速度的重要性）。

顾客可能会因为各种合情合理的原因排除你的产品，毕竟没有谁能让所有人都喜欢。然而只要你保持跟单，顾客至少不可能以"我忘了"为借口拒绝你。

如果你不能保持与顾客的联系，他们自然会忘记你。而如果顾客把你忘得一干二净，那么你就完全出局了，没有任何回转余地。

然而，方法得当的跟单则会加深顾客的印象，让他们对这段愉快的经历记忆犹新。有些销售员能切实地帮助顾客，随时将顾客中意的产品的最新信息分享给他们，因此收获了顾客的认可和感激。实际上，跟单不仅能避免自己被排除，还能促使顾客排除其他的选项。接招吧，竞争对手们！

▶ 避免被排除的策略

幸运的是，避免被排除的方法并不困难，归根结底就是一个词——坚持。如果你有一套系统的跟单方法，又能坚持每天花一点时间实践，日复一日，滴水穿石，就不会重蹈他人之覆辙了。

假设你在向一家坐拥几幢办公楼的公司推销保洁服务。在做完第一次销售展示后，你发了一封表达感激之情的快捷邮件。整整一个月以后，顾客才收到你的第二封邮件，而在此期间你什么都没有做。

在过去的三十天里，你的潜在顾客可能已经与其他几名竞争者进行了协商，仔细斟酌了几份方案，并且做出了最后的决定。即使顾客目前还没有决定，对你而言也无关紧要了，因为他对你的印象早已随着时间的推移消失殆尽了。现在的你只不过是一个彻头彻尾的陌生人，顾客连你的名字都不记得，又怎么会购买你的服务呢？

如果不想被淘汰，就认真地完成以下要求：

- 每天回顾一遍最有希望的销售线索。
- 每周至少把所有销售线索都回顾一遍。

养成每日三省吾身的好习惯，"今天我该如何推进这笔交易？我该如何消除顾客的疑虑？我怎样能促使顾客下定决心购买我的产品？"

这种持续的反思能够让你保持积极的态度、创造性的思维以及势必拿下交易的决心。而坚持跟单则能够牢牢地吸引顾客的情感。

杰弗里·吉特摩尔（Jeffrey Gitomer）在《销售圣经》中有言："你跟单的速度越快，销售过程中的惊喜就越多。"

如果你不想出局，那就尽早开始跟单并且在沟通中持续给顾客提供有价值的信息，这样也能让你在每次对话中都收获一些惊喜。如果你天天出现在顾客面前，恐怕他们也很难忘记你。

┃ 业界人士有话讲 ┃

克利斯托·兰德（Krystal Land）的例子向我们证明了跟单的重要性。她从来不会让自己成为被排除的选项。"我曾经在一次跟单中坚持了一年才拿下这笔交易。耐心是一种优秀品质。"

我希望你能居安思危，始终抱着自己不努力就会被淘汰的忧患意识去工作。如果顾客因为你的漫不经心而悄然离去，我可不认为你能高枕无忧。

每个人都会产生抗拒心理，抗拒心理会蛊惑人心，劝你任由顾客离开。

如果你想从竞争者中脱颖而出，成为能够满足顾客需求的赢家，你必须战胜抗拒心理。

▶ 自问自答

1. 回顾之前五次搞砸潜在交易的经历。在这几次经历中，顾客是主动将你排除了，还是无意识地将你遗忘了？

2. 反思其中由无意识排除导致的失败经历。在读完本章后，你认为现在可以做出哪些改变？

3. 回忆之前的购物经历。在你上次购买大宗货物时，你排除了一些选项，那是因为销售员做了什么或者没做什么事？最终与你达成交易的销售员又是怎么做的？

4. 你认为以下两种方法哪种更轻松？是通过跟单维持顾客的兴趣还是在被遗忘后焦头烂额地重新吸引顾客的注意力？

5. 将避免被无意识排除的理念应用到自己的生活中。在哪个领域里，你曾经被忽视或者被遗忘，但最终勇敢地采取了行动。

▶ 付诸实践

我现在想给你一个挑战。认真阅读这个部分，然后放下书本，趁着你学到的东西还停留在脑海里，付诸实践。

想出五个最有可能将你遗忘的潜在顾客。如果你不立即跟单，其中谁最有可能将你遗忘？思考一下你该如何重新吸引这些顾客的兴趣？你又该怎样才能修复你们的关系、激发顾客的情感，然后给他们提供最好的服务？

如果这些顾客很可能将你排除，而你又按兵不动，那么早晚你会目送他们离去。与其坐以待毙，不如主动出击，结果还能比现在更糟糕吗？

第6章 速度：制胜秘诀

顾客的注意力持续不了多久。如果你迟迟没有跟单，他们很快就会把你忘得一干二净。如果你想进一步加强与顾客的关系并且维持顾客的兴趣，速度将会是你的秘密武器。

▶ 速度的力量

詹妮弗正在和一个叫作皮特的年轻人约会，此前双方未曾见过彼此。皮特是詹妮弗同事的兄弟。

两人吃了意大利菜，然后去了一家当地的咖啡屋。一切都看起来水到渠成，于是皮特顺理成章地要了电话号码。詹妮弗欣然同意，从一位咖啡师那里借了支笔，将自己的电话号码写在了咖啡杯的隔热套上。

第二天，詹妮弗一边回味着愉快的约会之夜，一边等着皮特的电话。

然而她满心期待的电话并没有如期而至。

第三天没有，第四天还是没有。

詹妮弗这时会怎么想呢?

三周后,詹妮弗和马里奥一起出去约会。他们俩相识于教堂,彼此还不太熟悉。两人无话不谈,甚至包括对优质黑巧克力的共同喜爱。马里奥将詹妮弗送回家,要了她的电话并道了晚安。

一个小时后,詹妮弗收到了马里奥的短信,内容是"去门厅看一眼"。她打开门发现地上堆放着五种不同的黑巧克力棒,中间还夹着一张纸条,上面写着"我喜欢你,你真的很可爱,愿意成为我的女朋友吗?"

那么这时,詹妮弗又会怎么想呢?

▶ 约会和销售

约会和销售有很多相似之处,其中最大的共同点就是:在两种情境中,情感都扮演了重要的角色。人们基于情感来约会,同样也基于情感来购物。

| 业界人士有话讲 |

欧内斯特包装公司的顾客关系经理莫莉·雅各布斯(Molly Jacobs)有言:"销售的过程和约会非常相似。在初次接触之后,我会跟进沟通,这就好比在初次约会之后给对方发短信。一方面可以告诉对方我们的初次交流很愉快,另一方面可以表现自己对再次见面的期待之情。"

我在第 2 章里提到的情感海拔在约会和销售两个领域都扮演了重要的角色。

我们会在情感海拔较高的时候做出购买决定。因为购物是一种情感决策，其中情感因素要占据 85% 的比例。当顾客缺乏情感动力时，会很难做出决定。

因为这个因素和销售跟单息息相关，我们就必须先弄清楚一个问题：在初次销售展示之后，对于维持顾客的情感海拔来说最重要的因素是什么？

答案是速度。

➡ 速度至上

快捷高效的服务总能让我们倍感惊喜。无论是去餐厅、机械作坊还是医疗诊所，我们都希望得到商家的及时关注。在当代文化观念里，需求的即时满足受到了前所未有的重视。

那么为什么服务速度对于销售职业如此重要呢？因为在顾客看来，快捷的服务就是好的服务。服务提供者解决问题或者提供建议的速度能够反映他们的关心程度。

│ **业界人士有话讲** │

不要认为这是我的一家之言。在我们的调研中，有一位受访者将速度作为跟单的首要秘诀："在初次接触后立即联系

顾客，这样就能让他们对你的速度感到惊讶无比。"另一位
受访者表示："我会在顾客离开后一个小时内进行第一次跟进
沟通。每当我这么做，顾客回复率就会飙升。"

顾客能从销售员的及时服务中获得以下感受：

- 他在乎我。
- 我很重要。
- 我能够信任她。
- 他很周到。
- 她很喜欢我。

▶ 快捷服务是大势所趋

接下来我们会介绍三家重视服务速度的公司。

亚马逊（尤其是亚马逊优惠）

我不知道自己在亚马逊优惠上花了多少钱，而且说实话，我
也并不在乎。只要我用鼠标轻轻一点，就能买到心仪的商品，并
且第二天就能收到快递（有时甚至当天就能收到货）。在一个注重
即时满足的社会里，速度即是王道。

在发展线下实体门店业务时，亚马逊曾经面临着不小的挑战。
我自己则是通过提供优质服务来应对挑战的，而优质服务的关键

就是快捷的速度。

优步外卖（UberEATS）

我们都知道优步改变了私人交通行业。同样的，这些司机还带来了快捷便利的送餐服务。

神秘顾客调查公司希来沃（SeeLevel HX）曾经测评过多家送餐服务公司的效率。其中优步外卖从接单到送达平均只要 35 分钟。我曾经在餐厅里等餐的时间都要远超过 35 分钟，而且服务员只需要走 30 米就能把我的菜端上桌。

服务的便捷性非常重要。如果你能在短时间内满足顾客的需求，你就能成为商场中的赢家。

全美急症室

近年来，美国医院急症室的等候时间大幅减少。去年，59 家大医院将急症室的等候时间降到了他们引以为豪的 4 分钟以内。这就是一个速度即关切的典型例子。

当你生病的时候就是你最希望事情能尽快解决的时候。在急症室服务质量的评价指标中，等候时间毫无疑问是重中之重的要素。

▣ 快捷服务好处多

如果你不想被顾客无意识地排除，那就抓紧时间跟单。在前面我们曾经讲过，随着时间的流逝，顾客会在某次交谈后逐渐将你遗忘，直到不知不觉中将你作为可以排除的选项。

而毫不拖延的跟单则有很多强有力的好处：

- 展现出你的关心。
- 让你显得与众不同。
- 干扰竞争者的销售展示。
- 给顾客带来惊喜。
- 令顾客记忆犹新。
- 让你信心满满。
- 进一步发展你与顾客的关系。
- 达成更多交易。

销售加速公司维罗西非（Velocify）的研究显示，跟单电话的速度很大程度上决定了你能否联系到一位潜在顾客或者将其转化为现实顾客。

《哈佛商业评论》上的一篇论文甚至表明，如果销售员能在一小时内与顾客跟进沟通，那么这条销售线索的成功概率将会提升七倍。我相信你一定不希望自己最棒的销售线索最终因为顾客失去了兴趣而徒劳无功，或者被一名更有毅力的同行半路夺走。

关于销售跟单，我们得先说清楚时间概念：24 小时对一名忙碌的顾客来说已经相当漫长了；48 小时简直就是永恒了；而如果你整整 72 个小时没有联系顾客，他就会完全忘掉你的存在。

> 唯一比思考还要快的事物就是遗忘。
>
> ——维纳·纳扎里安（Vera Nazarian）

作为一名销售顾问，你必须明白，顾客的注意力是有限的，可他们在生活中接触到的信息却是近乎无限的。如果顾客在某次沟通 48 小时之后还没有收到你的信息，会发生什么呢？他们会被多少其他信息狂轰滥炸？他们对你的销售展示还会有多少印象呢？你自己在这 48 小时里又遇到了多少事情呢？

➡ 补救措施：4 小时以内跟单

为了获取销售实践的相关数据，我们调查了数百名销售员，并且问了他们这样一个问题："你一般会在初次谈话后多长时间内进行跟单？" 90% 的受访者回答他们会在当天或者第二天跟单（具体调查结果如下所示）。

- 1 小时以内：17%。
- 当天：45%。
- 第二天：27%。
- 1 周内：9%。
- 1 个月以内：2%。

数据显示，90% 的销售员将跟单安排在 24 小时以内的工作日程中。对于改变跟单理念来说，这是一个不错的开局。

那你知道更好的时间是多少吗？答案是 4 小时以内。如果顾客中午之前离开了你的办公室，那么你当天晚些时候就应该打电话跟进沟通。如果顾客在下午 4 点离开，那么你就应该第二天清晨就联系他。

这本书会教给你如何进行跟单，但是你首先得知道跟单的最佳时间是何时。

今天需要付诸实践的策略：

1. 将你的第一次跟单预约在谈话结束后 4 小时以内（我们之后再去讨论具体的方法，目前就先养成在 4 小时以内跟单的习惯）。

2. 问一问自己："在接下来的 4 个小时里，我能准备好哪些有价值的信息来更好地服务顾客？"

销售的未来在于实时性。几个小时、几天甚至几周后才跟单就好比你无视了走进商店的顾客，却又在顾客走后给他们寄明信片，希望他们能够回心转意。这可不是什么高效的销售方式。

——大卫·坎塞尔（David Cancel）

最后一个问题：什么情况下你的跟单会显得过于急切，以至于可能破坏你与顾客的关系？

这一点完全取决于你能在接下来的跟单中为顾客提供多少有价值的信息。如果 4 个小时之后，你给顾客打了跟单电话，内容却只有"现在您做好决定了吗"，那么接下来的对话就会毫无意义。

但是如果你提供了一些有价值的东西，对顾客有所帮助，或者让顾客感受到了关心，那么你就能与顾客重新建立联系或者强化已有的联系。

速度至上是跟单策略的前半部分。在接下来的章节中我们会介绍第二种秘密武器。

｜ 业界人士有话讲 ｜

"不要在初次沟通时就倾尽所有，为你接下来的跟单留下余地，避免到时候言之无物。举个例子，即便你知道某个问题的答案，也可以告诉顾客'目前我还不知道，但是我会找到答案然后告诉你'，这样你就能在稍后不久的跟单中打破隔阂，为顾客提供有价值的信息。"

▶ 自问自答

1. 你通常会在什么时候进行跟单？

2. 你曾经多少次在犹豫片刻之后，以"时间太晚，不便叨扰"为借口放弃了跟单？

3. 算一下，或者至少估计一下，在过去的 24 小时中你不得不处理多少电子邮件、短信、电话、谈话以及突发危机？如果你是顾客，在日理万机的情况下，你还会始终记得此前与销售员的交谈吗?

4. 及时的跟单会给你带来什么竞争优势呢?

5. 选出五名顾客,思考一下你能在跟单中分别为他们提供哪些有意义、有价值或者能体现关心的东西?

6. 如果你在跟单上表现得过于急切,最坏的情况会是什么?请记住,你必须在跟单中为顾客提供有价值的信息,而不仅是和顾客打个招呼、嘘寒问暖。

▶ 付诸实践

本周,将4小时跟单法付诸实践,在规定的时间内完成你的初次跟单。记录一下这次跟单有多容易,毕竟顾客对彼此刚刚建立起来的关系记忆犹新。时不我待,今天就开始尝试在4小时内完成电话跟单(短信或者视频沟通都行)。

第 7 章　个性化服务

当顾客感觉到你在用按部就班、生搬硬套并且缺乏个人情感的方法进行跟单时，你的所有努力都会付诸东流。如果你希望给顾客留下深刻的印象并且获得好评，你就需要为每位顾客定制个性化的沟通方式。

▶ 让顾客感受到自己的重要性

玫琳凯化妆品公司的创始人玫琳凯·艾施 (Mary Kay Ash) 有一套价值十足的个性化服务方法。无论你是在卖化妆品、房地产、电脑还是在提供服务，都可以尝试一下她的方法。

你可以设想遇到的每个人都在脖子上挂了一个牌子，上面写着"让我感受到自己的重要性"。这样你不仅能在销售上大获成功，还能在生活中一帆风顺。

请注意，这条销售建议中并没有提及产品。在与顾客的沟通中，优秀的销售员不仅要推销自己的产品和服务，更要尽快与顾客建立良好的人际关系，因为顾客更有可能光顾他们比较青睐或者相交甚好的销售员。而高效的电话沟通则能够推动买卖关系的良性发展。

假如你在和顾客聊天的时候谈到了彼此的爱好。你发现顾客几年前开始爱上滑板滑雪运动并且一发不可收拾，而你也恰好热衷于这项运动（如果你在佛罗里达州生活并且从未离开过，那么只能想象一下滑雪的大致情形了！）。电话沟通结束两小时之后，你将如何在接下来的跟单电话中利用到这条看似无关紧要的信息？除了分享你常用的滑雪胜地点评的应用程序、关于多景区通行证的信息或者你最喜欢的优兔网滑雪视频的链接，你还能想到其他的方法吗？

➡ 从你们的共同点入手

在一场曲棍球比赛开始前，我和队友们在更衣室眉飞色舞地讨论着摩托车，尤其是哈雷戴维森摩托车。一个新来的队员兴致勃勃地加入了聊天并且得意地告诉众人，他曾经骑过配备了密尔沃基第八代 114 发动机的哈雷"肥仔"摩托车。其他队员听完都露出羡慕的神情，对这个新人产生了深刻的印象。

其实，我对任何型号的摩托车都知之甚少，但还是觉得队员们在聊天中表现出的热情十分有趣。他们专心致志地听着这名新人的描述，对他肃然起敬，这是因为我们很容易被那些乐于分享共同兴趣的人吸引。

如果销售人员能够将这种共同兴趣融入跟单的过程中，他们将会与顾客建立起牢固的人际关系，并因此增加自己的竞争优势。

如果你和顾客并没有共同的兴趣爱好该怎么办呢？这样你还能与顾客发展人际关系吗？当然可以，只要你能在初次见面时留心那些不易察觉的细节。

几年前，我和妻子在一座陌生的城市里买房子。我一边考虑着收到的工作邀请，一边浏览公开挂牌的房源。当时我们带着小女儿并且在某次和销售员的交谈中不知怎么地就聊到了我女儿的长头发。我不赞成她留长头发，但是妻子却坚持这么做。

当我们几天后回到家的时候，我在邮箱里发现了一封手写信件。之前遇到的那位销售员寄来了一张明信片，上面写着一些温馨提示。然而最令我印象深刻的是卡片底部简单的一句话："备注，艾米丽的长头发很好看。"

这位销售员并没有止步于此。她知道我们对这个城市了解不多，于是又给我们发送了很多当地的相关信息。要知道那个时候互联网还没有像今天这样发达，所以这些信息对我们了解当地的地理区位极其有用。

最终我们没有选择搬家，否则一定会和这位销售员达成交易。因为我很欣赏她的努力，所以爱屋及乌，对她的产品也很有好感。那么她在跟单中付出的努力给我留下了多么深刻的印象呢？这么说吧，这件事发生在 1991 年，然而直到今天我还会在书里标榜她的所作所为。这下你应该能明白了吧！

▶ 速度制胜的姊妹策略

正如我在上一章中提到的,速度制胜占据了跟单秘诀的半壁江山,而剩下的一部分则是个性化服务。

想要在这场跟单竞赛中脱颖而出,你必须向顾客证明你对他们的关心要远胜于任何其他公司的任何销售员。而个性化服务就是实现这一点的锦囊妙计。

如果你不能为顾客提供周到的服务,其他竞争者就会取而代之。

——鲍勃·胡伊(Bob Hooey)

销售员的目标不仅是完成与顾客的沟通,更重要的是最大化地提升沟通的质量。服务的个性化程度越高,品牌的知觉质量就越高,销售员也就越有可能在跟单过程中取得更辉煌的成果。

很多销售员只是在按部就班地完成顾客关系管理系统中的跟单任务,误以为跟单就是用持续不断的电话对顾客狂轰滥炸,而不是最大化地利用好每次沟通机会。只有能够在跟单中与顾客建立起独特联系的销售员才会成为最终的胜利者。

多数人认为销售的关键在于能说会道,然而只有最高效的销售员才知道,善于倾听才是销售的制胜法宝。

——罗伊·巴特尔(Roy Bartell)

▶ 心理策略

首先得问自己一个重要的问题：顾客在你的跟单中最看重的是什么？

这个问题包含着一种重要的理念转变。高效的跟单从一开始就不是为了提升销售员的业绩，而是为了改善顾客的生活。

你可以把跟单当作为了提升业绩而不得不做的事情，也可以将跟单视为一种服务顾客的方法。如果你选择前者，顾客就会把你视为整天打骚扰电话的讨厌鬼，而如果你内心遵循着另一种理念，你就会成为备受顾客信任的销售顾问。

> 你必须把自己当成已经被潜在顾客雇用的销售顾问，而不是只想把东西卖给他们的销售员。
>
> ——吉尔·康耐斯（Jill Konrath）

如此多的跟单策略都是基于公司或者销售员的销售目标。你所要做的则是采取以顾客为中心的跟单理念，将服务顾客作为首要目标。而最好的服务便是个性化的服务。

问一下自己在内心深处是否实现了跟单理念的转变。你是否将跟单当作为了取悦销售经理而不得不完成的任务，或者是提高业绩的手段？你是否在内心深处极其抗拒跟单？

还是说你认为跟单能够为顾客提供额外的价值？

➡ 了解你的顾客

如果你想要采取这种以顾客为中心的方法，那么首先需要掌握顾客的情况。如果你不了解顾客，恐怕我也鞭长莫及。

你的调查是否涵盖了所有关键点？你对顾客的生活有多了解，比如家庭、兴趣爱好和宠物等。

前几日我在定制西服的时候，和销售员聊到了彼此喜欢的播客节目。我向他推荐了自己的播客节目（名字叫作"买家心理"，诚心建议大家去收听！），而他对此表现得兴趣盎然。

当我第二次去试衣时，这位销售员告诉我他听了几集我的节目并从中受益匪浅。他不仅和我讨论了一些具体的兴趣点，还问了我的播客经历、乐趣以及录制节目使用的设备。播客节目是我引以为豪的作品，而这位销售员则表现出了真诚无比的兴趣。这便是优秀的跟单。

我们的世界充斥着没有人情味的营销信息，许多销售员在推广的过程中只会提供一些众所周知的信息，却忽视了个人情感的投入。这就意味着，哪怕你只投入很少的情感，也能胜过许多竞争对手了。因此，不要忽视真情实感的重要性，要在跟单中找到并利用好你与顾客的情感连接点。

｜业界人士有话讲｜

想要在跟单过程中获得成功，你就必须在顾客离开之前建立起双方的情感联系。找出能帮助你建立联系的共同点，分享你对共同爱好的了解和热情，这样你就能一步步攻破顾客的心理防线。当你和顾客成为朋友的时候，给他打电话还会是一件艰难的事情吗？这就是我的独家秘诀。

▶ 记录信息

当然，你不仅要在跟单中了解顾客的信息，还要将其牢记于心。顶尖的销售员会用笔记将跟单过程中了解的信息记录下来。有些人觉得在与顾客交谈的时候做笔记会有些尴尬，而我认为这是对顾客的尊重。

如果你对此心存芥蒂，不妨对顾客这么说："我想确保自己不会遗漏任何信息，请问您是否介意我记一下笔记？"（相信我，顾客会欣然接受。）

问题在于，大多数的销售员只会记录一些推进交易流程的基本信息，比如顾客的预算、产品规格要求以及时间限制等。我可不敢保证这些信息能够对个性化的跟单服务有较大的帮助。

那么销售员需要收集哪些信息来提供个性化跟单服务呢？

- 了解顾客的兴趣点。
- 了解顾客的爱好。
- 了解顾客的个人品位。

- 留意细微之处。
- 探查顾客的家庭情况。
- 知晓顾客的背景和经历。

对于顾客关系管理来说，最重要的信息往往隐藏于微不足道的细节之中。这些信息能够帮助你在跟单的过程中与顾客建立起良好的人际关系，并且最终会给你带来丰厚的回报。

业界人士有话讲

"我会在顾客的名片上记下他们的需求，以及其他一些能让我识别和记住他们的信息。这样一来，当我下次联系他们的时候就能够通过查阅这些信息来延续之前建立的人际关系。比如，我可以告诉对方'我们可以给你收藏的摩托车和雪佛兰提供车库'，或者'您的女儿明迪一定会喜欢这间游戏室的'。"

如果你在沟通的时候认真倾听并且希望与顾客建立良好的人际关系，那么你一定能注意到顾客言语中包含的细节信息。能否记住这些信息并且在跟单中利用它们来有效地维持人际关系就取决于你的努力了。

➡ 如何定制个性化的服务

我希望你们能够打破常规，为这项工作带来一些乐趣。请大家认真思考如何定制每一次跟单服务，使其能够延续并且强化你与顾客之间的人际关系。一些创造性的努力将会帮助你在跟单能力提升的道路上开拓进取。

近日我和一位研究机构的顾问有些业务来往，并且我希望进一步巩固彼此的关系。因此，我给她的办公室打了电话，与她的助手交谈了一番。我问了助手这位顾问最喜欢的餐厅，然后当天就寄了一张礼品卡给她。

这位顾问在第二天回电的时候惊讶地说道："你怎么知道这是我最喜欢的餐厅？你真贴心！"

当然，获取这种信息易如反掌，困难的是能想到这一点（顺便一提，这位顾问后来帮了我很多大忙。这不是因为那张普普通通的礼品卡，而是因为我表现出了真诚的关切并且愿意给她提供个性化的跟单服务）。

显然，当我特意表现出对顾客的关切时，她感到分外开心。但是你知道吗？我自己也乐在其中。

➡ 一些提醒

如果你过于深入地窥探顾客的社交媒体，可能会看起来像一个"跟踪狂"。顾客或许在网上分享了许多全世界可见的信息，但是他们未必希望每个人在交谈时都用这些信息来套近乎。

如果你不希望出现这种情况，就多用常识来思考。在你准备利用一些顾客的信息来进行跟单之前，先换位思考一下：你是否乐意其他人知道并且利用这些信息来接近你？

｜ 业界人士有话讲 ｜

一位销售人员给我们分享了他的惨痛经历。尽管他真诚地想要为顾客提供个性化的服务，却因为弄错信息而闹出了笑话："我猜测进店的一对男女是爱人的关系，于是给这名男士发了一封俏皮的邮件，推荐他在情人节给女朋友购买一幢梦想之屋。结果最后我发现他们是父女关系，情况一下子变得尴尬无比。从此以后我决定再也不要这么做了！"

要用正确的方式去提问、倾听和联想以获取重要的细节信息，而不是凭着主观臆测与顾客套近乎。将这些信息记录下来，以便在跟单的过程中妥善利用。

➡ 享受这个过程吧

如果你认为跟单过程枯燥乏味，那么与顾客交友会让你感到乐趣无穷。顾客需要的是一位有人情味的销售顾问，而不是只会照本宣科的销售机器人。

和你的同伴们一起努力，头脑风暴出新的想法，分享彼此的实践经验。

当你将跟单视为建立人际关系的过程时，你一定能轻易地爱上这项工作。

▶ 自问自答

1. 假设你准备向好朋友推销一些他最需要或者想要的商品，你将如何在跟单中使用个性化的服务来为他提供有用的信息？你又该如何在其他普通的顾客身上使用同样的方法呢？

2. 除了直接向顾客打听他的个人信息，你还能想出什么样的方法来了解顾客的背景，前提是这种方法不会显得怪异？

3. 你如何在慢工出细活的个性化服务和速度制胜的跟单效率之间实现平衡？

4. 流水线式的顾客定制服务，也就是并没有投入感情、只是走走过场的个性化服务，会有什么样的危害？

5. 你的个性化服务是否会做得太过火？你如何能意识到自己正在越线？

6. 在为顾客提供定制的跟单服务时，你将如何使用个性化的导入？

7. 个性化服务不是一蹴而就的，你认为其中的哪些要素可以反复使用？

◗ 付诸实践

挑选一名顾客，特意做一些事情来表现出你对他的关心。当然，这并不是说你要花钱给顾客买些礼物，而是要做一些有意义的事情来了解顾客的个人信息。话就说到这里……开始行动吧！

执行

第三部分

PART 3

第 8 章　合理的规划带来成功

> 顶尖的表现离不开心理和策略上的合理规划。我们投入在规划中的时间最终都会在完善策略和提高业绩上带来巨大回报。

➡ 凡事预则立，不预则废

准备工作完成，策略了然于胸，是时候开始打电话了。接下来我们将进入本书的主要部分，那便是跟单的执行指南。跟紧我的思路，在页面空白处记满笔记，然后开始享受跟单吧！

➡ 错误的跟单方法

和我一起来想象这样的场景：

不是吧！已经四点半了，可我今天还没有打过一次跟单电话。我一整天都在忙着服务现有顾客、完成管理任务、检查邮箱以及回应经理那没完没了的问题，更不必说我还不小心睡着了 20 分钟、清理了笔筒、观看了 18 条关于狗狗与主人团聚的视频。在这种情况下，我即便想要早些完成跟单任务也有心无力啊！

好吧，让我看看顾客关系管理系统中积攒了多少任务了。看起来大概有……782项逾期的跟单任务。第一项任务是给约翰逊一家回电，看看他们有没有兴趣。我看看，这项任务的预期完成时间是……10天前。约翰逊，约翰逊，呃……他们到底是谁来着？不管怎么样，我还是先试一试吧（拨打电话）。

"您好，请问是约翰逊先生吗？我是极致商品服务公司的比弗·巴克利。请问您什么时候能付款……哦不对，我是说您是否有购买的意愿呢？"

这个例子显然只是玩笑话……至少对于顶级的销售员来说。可悲的是，对于学艺不精、半路出家的销售员和以销售工作为权宜之计的人来说，这种场景还真有可能贴近他们的工作状态。总之，无论大家是否在这个小故事中看到了自己的影子，想必我们都同意这不是销售工作的应有之道。

▶ 谋定而后动，方能出类拔萃

预约妥当，你才会前往牙医的诊所；食材准备就绪，你才会开始烹饪；行李打包、装备齐全，你才会踏上旅行之路。

无论是在生活中还是在销售工作中，合理的规划都必不可少。除此之外，我们还需要制订严丝合缝的时间表来保证计划能够有条不紊地执行下去。我建议大家努力创造一种心理领域，在这种领域中，你能够全神贯注于手头的任务。

在《天才密码》这本书中，作者丹尼尔·科伊尔（Daniel

Coyle）谈到了让天赋得到充分发展的三个必要条件：

1. 反复练习。

2. 高人指导。

3. 全神贯注。

其中第三个条件最令我着迷。在达到全神贯注的状态时，你会在一种忘我工作的领域中遁入宁静，仿佛世界上只剩下了你自己，一切外部干扰都消失不见，因此你能够前所未有地将注意力集中在手头的工作上。想要实现这种状态，你必须具备高度集中的注意力、坚如磐石的决心以及精益求精、不断完善自我的强大驱动力。

我认为真正的专业人士都能够进入到全神贯注的领域。外科医生在进行精密的脑部手术时会将集中力视为手术顺利完成的首要保证。赛车手能连续几个小时保持对赛道的高度注意。如果你还是想象不出来全神贯注是怎样的一种状态，那就找一只拉布拉多寻回犬，用棒球陪它玩一会儿接球游戏。

| 业界人士有话讲 |

正确的理念、合理的规划和自律的执行最终一定能给你带来丰厚的回报。"从业 24 年多，我还是坚信自己是在为顾客提供服务。每次与顾客签署合同的时候，我都觉得自己完成了一件助人为乐的好事。"

潜在顾客转化时间

谈及销售跟单，我把销售员进入全神贯注领域的时间段称为"潜在顾客转化时间"。

我始终认为，销售员应该专门安排一段时间来专注于跟单工作，而不是隔三岔五地抽空打电话。因为在打电话之前，销售员需要做好充分的心理准备。如果间隔太久，那么在每次通话之前他们都得重新准备，这毫无疑问是非常困难的。因此，最好的方法就是进入全神贯注的心理领域，然后持续打电话直到完成当天的任务。

> 如果你没有时间认真完成这件事，又怎么会有时间回过头重新来一遍呢？
>
> ——约翰·伍登（John Wooden）

与之相对的则是被称为"即兴发挥"的方法。水平较差的销售员会长时间地盯着顾客姓名列表、电话簿和顾客关系管理系统规定的分类任务。这些任务缺乏创意、枯燥无味，有时候也感觉不到特别有用，因此会显得繁重冗杂。

那水平较差的销售员会如何实施这种方法呢？往往就是盯着顾客关系管理系统，叹气，走来走去，喝杯咖啡以及刷刷脸书（Facebook）。

如果你不能同时设计一套跟单方案和专门执行这套方案的日

程表，那么你也只能即兴发挥了。

合理的规划能帮你摆脱这种窘境。

"潜在顾客转化时间"就是专门为跟单工作安排的一段时间，它会成为工作日程中的一个固定环节。在这段时间中，你会进入自己的专注领域，达到全神贯注的工作状态。你将暂时屏蔽一切外界干扰，也不会找任何借口来逃避这项工作。

在这专注于跟单工作的 60 分钟里，除了对跟单的热爱和与顾客达成交易的强烈渴望，一切杂念都将消失得无影无踪。

▶ 修正你的观念

在开始全神贯注地跟单之前，先进行 5 分钟的准备工作。没错，仅仅 5 分钟的认真规划就足以带来翻天覆地的变化。因为在这段时间里，你可以先确保自己能在理念和执行上保持高度专注。

当预定的跟单时间正式开始时，你通常会一动不动地盯着任务列表。我强烈建议你直接开始打电话而不是继续瞻前顾后。这将会大幅度地提高你的跟单效率。

设想成功

花几分钟给自己鼓劲，确保你是在主动出击而不是被动防守。设想一下自己在提供有价值的信息、进行积极的交谈以及逐渐说服顾客进行购买时的感受。不断告诉自己一切都会如愿以偿。

◼ 提升自信

自信由两种要素构成：精通和信念。当你熟练掌握了跟单的电话沟通技巧并且相信自己是在为顾客做一些真正有价值的事的时候，你的自信心就会得到提升。这一点非常重要，因为你的自信能够感染顾客，进而让他们坚信自己的选择是正确的。

提升情感海拔

你内心的力量和情感海拔都取决于你自身。你可以因为跟单而心烦意乱，也可以对其满怀期待、兴奋不已。猜一猜顶级的销售员会选择哪条路？

迸发感染性的能量

和自信一样，你在交谈中展现出的激情与活力也会被顾客感受到。如果你用百无聊赖、平铺直叙的口吻交谈，顾客就会进入到这种情绪中，对这场谈话感到无聊。你不需要表现得过于亢奋，只要保持积极的态度即可。我建议大家可以问自己一个问题：我是否希望顾客在这场对话中展现出的情绪和态度与我自己相同？

采用一种"表演时间到"的理念

将你所做的准备视为"幕后"工作。尽管这些幕后工作不会被顾客知晓，它仍然是实现成功表演不可或缺的一部分。接下来将实际打电话的部分视为"台前"表演，也就是顾客能从头看到尾的节目。在跟单的时候，希望大家能把自己想象成在舞台上大放异彩的表演者，而不是在按部就班地完成顾客关系管理任务的人。

在每次跟单前的 5 分钟里，都要养成这种思考习惯，按照相同的流程做好心理准备。

关于最大化利用跟单策略的方式，我的朋友（以及销售专家）吉尔·康耐斯提出了强有力的建议："想要保持销售势头，你需要在每一次沟通中都能为顾客提供有价值的信息，即便是在一通快速跟单电话中。"

⏩ 过程规划

当你在观念层面做好了心理准备时，接下来就可以把注意力放在具体的任务规划上了。这个过程应该包含三个只需要几分钟就能完成的步骤。

设置目标

一开始就要将目标牢记于心，想清楚你准备在这通电话中收获哪些成果。你计划联系多少顾客？你准备为今天的跟单工作分配多长时间？在接下来的 30 或 60 分钟里，你准备多少次询问顾客的购买意愿？谁是你最有价值的目标？

如果你愿意花一点时间把自己的目标记下来，那么当抗拒心理兵临城下时，你就能固守自己的心理防线，而不会缴械投降、放下电话，转而去喝咖啡或者浏览社交媒体。

简化任务

顾客关系管理系统往往极其繁杂，似乎总是有无尽的任务等着你去完成。为了提高潜在顾客转化工作的效率，你需要忽视一切与此次任务目标无关的要素。在开始跟单前，花几分钟查看一下目标顾客的信息然后提炼出要点。不要想着一劳永逸地掌握每位顾客的每一处细节，只需要聚焦于对此次跟单任务有用的信息，然后在交谈中充分利用好这部分信息。

全神贯注

你通常打一个电话就休息一会儿。我建议你改掉这个习惯，因为一鼓作气，再而衰，三而竭。在转化潜在顾客的这段时间里，你应该毫不停歇地投入到跟单工作中。通话完毕，挂断电话，然后立即拨打另一位顾客的电话，这样你才能始终维持全神贯注的状态。

唯一能阻碍你成功的因素不是时间的匮乏，而是不把跟单或者潜在顾客转化活动安排进日程的坏习惯。只有提前预定好时间，你才可能雷打不动地坚持实行。

——杰森·布伦斯（Jason Burrows）

➠ 危险因素

即便你能够百分之百地投入到潜在顾客转化工作中，并且也具备了正确的理念和坚毅的决心，你还是要小心提防那些降低工作效率的危险因素。

注意以下三点：

目标繁杂

你必须为每通电话设定简单的目标。如果目标过于繁杂，你可能会在半路上迷失方向。时刻关注这个问题：为了推动这笔交易，我下一步符合逻辑的行动是什么？

瞻前顾后

不要等到一路绿灯才离开家门。如果你长时间地盯着顾客关系管理系统的顾客列表，打电话的势头会逐渐衰减。正确的做法是确定目标，简单规划，然后直接拨打电话。不要过分纠结于细枝末节，以至于降低了跟单效率。

全神贯注

在跟单之前，你最好待在一个安静的地方，并且确保这段时间没有人会打扰你。任世间纷纷扰扰，你必须岿然不动。为此，你需要尽可能地创造一个不受干扰的工作环境，比如关掉一切不必要的设备、关闭网页、在门上张贴免打扰的标识以及拉上百叶窗，让窗外嬉戏的小松鼠没法吸引你的注意力。

｜ 业界人士有话讲 ｜

企业对企业销售专家及作家吉尔·康耐斯分享了三种可以替代"只是问问购买意愿"的跟单策略。

1. 反复强调你能给顾客提供的价值。

2. 和顾客分享你的想法和见解。

3. 继续与顾客沟通，帮助他们深入了解你的产品。

▶ 挑战

你是否已经厌倦了在跟单工作中埋头苦干？那么是时候开始制订自己的计划了。即便是简单的计划也能帮你脱离苦海、走得更远。

回顾一下在本章里学到的方法，撰写一份潜在顾客转化时间的计划。首先你需要确定理念，其次设定好目标，最后则是排除干扰的策略。

合理的计划能让你在跟单工作中做好万全准备、保持高度自信、展现激情活力并最终铸就辉煌业绩。你还在等什么呢？

▶ 自问自答

1. 有哪些分心之事会妨碍你的跟单工作？在你安排的全神贯注跟单的时间段里，你将如何排除这些干扰？

2. 始终牢记，跟单是否成功并不总是取决于最终成交与否。除此之外，你还能设想出哪些跟单带来的好处？

3. 挑选两名顾客。思考一下你该如何在跟单的过程中反复强调你能提供的价值、与顾客分享见解以及进一步与顾客沟通、让他们深入了解你的产品。

4. 你是否曾经将某次跟单活动设计得太繁杂？你该如何进行精简，为这次跟单设定可实现的目标？

5. 进入全神贯注的状态，回顾一下你在实践中的跟单表现（比如打了几通电话、多少次向顾客确认购买意愿、联系的所有顾客的总价值等）。你该如何让自己的表现提升 10%？

▶ 付诸实践

大展身手的时候到了！现在就开始潜在顾客转化的工作！设想你的成功然后开始打电话……立即去做。我不是在开玩笑，现在就动身！

第 9 章　选择正确的跟单方法

并非所有的跟单方法都千篇一律，不同的方法适用于不同的情境。销售员在选择跟单方法时必须深思熟虑，对症下药。

你不会用锤子来疏通堵塞的马桶，也不会用橡皮塞子来钉钉子。不同工具，各有所长。

需要和顾客确认预定的跟单时间？贸然打电话可能会让顾客心生不满。有些令人不快的消息要通知顾客？你最好不要发短信告知。

在选择跟单方式时，对症下药则事半功倍。

我们的所见会塑造我们。我们定义了工具，工具又反过来定义了我们。

——马歇尔·麦克卢汉（Marshall McLuhan）

许多销售员会基于自身的喜好来选择沟通媒介，而不是使用对当前任务最有效的工具。

比如，电子邮件是一种相对简单、比较安逸的沟通方式。假设我现在有一些能帮助买家解决问题的重要信息，那么最简单的方式就是发送一封电子邮件："好消息，我知道该怎样解决您担忧的问题了……"。

可是既然现在我能够帮助顾客解决他的主要问题，提升他的购买意愿，那么我为什么不打电话告知顾客问题的解决措施，然后趁热打铁地请求成交呢？

你会如何选择跟单的方式呢？是看哪种方式比较安逸，还是哪种方式对你的顾客最有效？

在如今的世界里，短信铃声和电子邮件提示音总是在口袋里嗡嗡作响，电话接连不断、永不停息，手机上的热门新应用和社交媒体层出不穷。因此，我们比以往任何时候都要更加容易分心，更容易丧失注意力，也更容易为鸡毛蒜皮的小事苦恼不已。似乎每天我们都在全力奔跑，最终却没有到达任何目的地。

——迪恩·格拉齐奥西（Dean Graziosi）

朋友们，当心你们的惯性思维。大脑生来就具有一种基本功能：让我们生存下去。当你面临着不适感（比如要打电话），大脑就会习惯性地把这种不适感解读为一种威胁。而当你感受到威胁时，大脑就会切换到求生模式。

在求生模式下，人们会面临两种选择：要么背水一战，要么逃之夭夭。人们往往会选择后者。当你发现自己处于一种令人不安的境地，大脑就会传达一条指令，要求你立即从中逃离。为了让事情变得轻松一些，大脑会提供一些看似可靠的替代选项，它们能让你的舒适等级有所提升。

换言之，如果你想要达成更多交易，就得时不时地对抗并战胜自己的本能。你必须重新武装自己的内心，这样才能直面不安而不是逃之夭夭。

▶ 舒适选择的危险性

在了解了大脑的工作原理之后，我们就能轻易明白，为什么"最安逸的跟单方式就是最好的方式"这种观点是非常荒谬的了。这也就解释了为什么很多销售员会在电话沟通更合适的情况下选择发送电子邮件，以及为什么在视频电话更有效的情况下他们只发送了几条短信。

如果你处于这种选择的情境中，一定要问自己一个至关重要的问题：怎样做最符合顾客的最大利益？不要根据个人的偏好来回答这个问题。在回答完这个问题后，再问一个问题：我是否因为感到不安而为自己的答案辩解了？

不要认为你最偏好的沟通媒介就是买家最喜欢的方式。我的一些顾客会在几分钟内回复短信，而另一些顾客则显然更喜欢用推特。最近我还开始用脸书和顾客聊天了。

——杰米·尚克斯（Jamie Shanks）

假设你正在服务一位顾客，他发现这笔开销远高于之前的预算，因此很难做出决定。他能够看到这笔交易的潜在利益，所以这不是产品是否有价值的问题。这位顾客面临的是价格范式问题，也就是在准备购买时，他没有预料到自己需要花这么多钱。

进一步设想你曾经遇到过的另一位顾客，他在做出正确的购买决定之前也经历了同样的深思熟虑。如果你能让之前那位顾客给现在这位顾客提供一些建议，告诉他如何在面临这样的困境时勇敢向前，那么你一定能促进交易的达成。

在这种情境下，邀请过去的顾客录制一段证明视频可能是推动交易的不二选择。但是如果想要说服一位过去的顾客对着镜头接受 60 秒的采访，销售员就不得不走出自己的舒适区。

那么接下来销售员就会开始寻找不这么做的理由，以此来为自己的抗拒心理做辩解。比如说，现在的这位顾客真的会受到这段视频的影响吗？录视频要花太长时间了，兵贵神速，或许还是一条快捷的短信更有效？我能用智能手机录制编辑一段看起来还不错的视频吗？木星当前正处于黄道第七宫，这个时机真的适合做这件事吗？（相信我，人们在编造辩解理由时会变得创意十足。）

▶ 沟通媒介层级

那么我们该如何选择合适的方式呢？唯一的标准就是这种方式对顾客的影响。比如哪种方式能引起顾客的共鸣，哪种方式会激发顾客的情感冲动，又有哪种方式能让销售员与顾客建立最深厚的人际关系。

以下的沟通媒介按照高效到低效的顺序排列：

面对面交流

当我们面对面沟通的时候，大脑会非常兴奋。我们会投入大量的脑力来观察对方的面部表情。而当我们使用其他方法时，大脑的运转速度就会剧烈下降。阿尔伯特·梅拉宾（Albert Mehrabian）在他的里程碑著作《无声的信息》中指出，在人们交流内心感受的时候，配合上面部表情和语音语调的沟通比单纯的文字信息更加有效。

个性化的视频

缺点：单向传播。

优点：你能够证明自己投入了多少心血并因此脱颖而出。即便这并不是与顾客的双向交谈，你依然可以通过这种方法传达自己的热情、活力和其他情感。好消息是，视频目前还是一种比较新颖的跟单方式。你上一次收到一段个性化的跟单视频是什么时候？

语音邮件

在语音邮件中，你没法像双向交谈那样同时进行信息的发送和接收，但是你仍然可以展现自己的活力、激发顾客的积极性并且强调这笔交易对他的重要性。语音邮件的关键在于，你要保证这封邮件能够引发进一步的电话沟通。因此，你必须为顾客提供回电的理由。"您好，我只是想看看您要不要购买"，这样的邮件显然是做不到这一点的。

个性化电子邮件

电子邮件还是有一席之地的，尤其是方便快速发送大量的信息。但是电子邮件不能算作沟通方式，因为沟通意味着一种双向的信息交换。大多数的销售员只会发送千篇一律、通篇套话的官方邮件，还以为这就是跟单要做的事情。当然不是，这些只是会被扔进邮箱回收站的垃圾邮件罢了。

短信

如果我们将短信作为主要的沟通方式，那么将很难建立起与顾客的人际关系。请不要告诉我表情符号、动图以及表情包能准确地取代言语交流。那么短信在跟单工作中有用武之地吗？有倒是有，但是它只能作为辅助工具，而不是主要沟通方式。

｜业界人士有话讲｜

我们调查了销售员使用不同媒介完成跟单的比例，数据如下：

电子邮件：38%。

电话：34%。

短信：19%。

面对面交谈：13%。

视频：5%。

社交媒体：3%。

▣ 选择正确的方式

让我为你们的决策提供一些高级的经验法则。这些法则不是一成不变的，但它们能为大家选择沟通方式提供很好的帮助。

建议在以下情境中打电话

（1）传达振奋人心或者重要无比的消息。如果你希望分享你的热情并且让顾客也能享受到好消息带来的快乐，那就给他们打电话。其他任何方式都很难让你做到这一点。

（2）强化关系。健康的人际关系离不开真心实意的沟通交流。电话沟通就是存在着一些电子邮件和短信无法传达的细微差别。

（3）传达亟待回复的消息。在每一次跟单中你都要预定好下一步的行动。如果顾客下一步就是购买那当然很好，然而交易通常都不是一蹴而就的。不要将决定下一步行动的主动权完全交由顾客，在通话的过程中就要直接和顾客达成一致。

（4）成交。如果你成功解决了顾客长期以来一直困惑的问题，那么直接在电话中请求成交也没有什么不妥。这并不需要什么特殊的技巧，你完全可以当作顾客就站在你面前，大大方方地提出请求。勇敢拿下这笔交易吧!

录视频的优点

（1）在预约之前介绍自己。严格意义上这并不属于跟单的一环，我们可以称之为"预跟单"。简单的自我介绍视频能够展现出你的优点，并且让顾客知道你热衷于真诚地服务他人。这能有效地舒缓会面之前的焦虑，并且让你更快地和顾客熟络起来。

（2）展现出产品特色以及它能为顾客的生活带来的改变。视频能够生动地描绘出未来的美好愿景，直观地展现产品带给顾客的享受，因此能够提高他们的情感海拔。

电子邮件的用处

（1）发送密集信息。电子邮件非常适合被用来发送报告或者其他包含大量数据的信息。在发送邮件时，请将这些信息添加为附件，而不是直接长篇大论地写在正文中，毕竟顾客的注意力是有限的。也不要忘了在邮件结尾处和顾客约定好下一步要做的事情。

（2）处理行政任务。正式交易流程中有很多烦琐的行政任务（财务审批、方案选择等）。电子邮件是处理这类任务的不二选择。

（3）发送多张大的图片。毫无疑问，图片能够提高 80% 的邮件打开率。除此之外，图片还能吸引顾客的视觉注意力并且提高他们的情感卷入。发送图片时还有一个技术注意事项：提前交由信息技术部门审核。

（4）发送视频。我会在第 13 章进一步讨论这个话题，总之先记住，个性化的视频能极大地提高跟单效率。

短信的功能

（1）确认预约信息。短信的特点在于简短，只需要包含预约的细节信息。我建议大家这样给短信结尾："您看这样方便吗？"确认信息是高水平服务的显著标志。简短的感谢短信对于紧接着初次展示的跟单来说尤其重要。顾客投入的时间和精力是你的荣幸，回之以感谢也是理所应当的礼节。

（2）发送一两张较小的图片。用短信发送一两张图片能够帮你强调要点。短信甚至可能比电子邮件更适合被用来发送图片，尤其是当你有具体的问题要解决或者想强调产品的某个特性时。

（3）发送短视频。请记住，人们阅读短信的频率远高于打开电子邮件的频率。因此如果你想要录制并发送个性化的短视频，短信会是非常合适的方式。

不确定用什么方式？那就问问顾客吧

直接问顾客喜欢什么样的沟通方式不失为一个好办法。然而，在和顾客商量的时候记得多提供几个选项，不要把沟通方式限制得太死板。

销售员："有时我需要打电话，有时电子邮件更方便。请问您喜欢哪种沟通方式？"

买家："我一般不会接电话，电子邮件又常常堆积如山，所以你更有可能通过短信联系上我。"

销售员："没问题，我会把短信作为主要的沟通方式，除非遇上了需要深入讨论才能解决的问题。届时我还是会给您打电话。您看这样方便吗？"

业界人士有话讲

在调研中我们问了销售员最成功的销售案例，其中一位顶级销售员说："当我提前询问顾客或潜在顾客可以接受的沟通方式时，我不仅能获得跟单的许可，还能知道如何最快速地联系上顾客。"

▶ 挑战

本周，在跟单一位活跃顾客的过程中选择这些沟通方式中的一种或几种。对症下药地选择沟通方式并且追踪记录跟单的后续成果。当你开始系统地思考不同方法的应用情境时，我相信你一定能提高潜在顾客的转化率。让我再给你一个舒适区之外的跟单挑战。如果你本来准备发送电子邮件，改为打电话；如果你本来要发送文字为主的短信，试着发送包含视频的短信。勇于尝试，享受这个过程，然后尽力走出舒适区。

▶ 自问自答

1. 进行诚实的自我评估。你觉得哪种跟单的沟通方式最安逸？最令你感到抗拒的又是哪种方式？

2. 你上次在成交之前给顾客发送致谢信是什么时候？挑战一下自己，明天试着这么做五次。（短信也可以！只需要花两分钟。）

3. 你如何才能在更换跟单沟通方式的过程中怡然自得，即便这会让你感到抗拒和不安？

4. 如果你问了顾客最喜欢的沟通方式，你该如何记住每位顾客的不同偏好？

▶ 付诸实践

选出五位你需要跟单的顾客。确认一下对每位顾客而不是对你来说最方便的沟通方式，然后在接下来的跟单中付诸实践。

第 10 章　电话跟单

你是否希望自己与顾客的电话沟通具体翔实、恰到好处？那就依照本章的准则来设计完美的电话跟单吧。

▶ 三个关于电话的简单真理

经典方法生生不息，历久弥新。被许多销售员弃如敝屣的电话沟通方式可能会成为你的秘密武器。原因如下。

真理 1：除了面对面交流，没有哪种方法能够比得上电话沟通。

完整的沟通方式就是最好的沟通方式。短信、电子邮件、社交媒体信息等沟通方式都有两点缺陷：

- 单向的。
- 缺少电话沟通的细节。

假设你准备给我发送一条包含请求的短信："关于我们的新产品，我有一些很酷的东西想和您分享，能给我回电吗？"

或许你要分享的东西确实能令我心动不已，但是我从短信中能感受到什么呢？我只会觉得："这个人想卖东西给我。"

接着假设你给我打电话而不是发短信："杰夫，我是某某公司的珍妮特。我之前在思考你关于某某事的具体情况，并且做了一些调查研究。我认为我能够帮您解决这个问题，请问您是否愿意腾出 30 秒的时间和我聊一聊？"

那么在这通电话里，作为顾客的我能够感受到什么？

- 你深思熟虑了我遇到的问题。
- 你认真听了我的话。
- 你能够提供帮助。
- 谈话不会花费太多时间。

但是更重要的是，我能够从你的言语中感受到你的活力、你的自信以及迫切想要完成这笔交易的决心。假设你之前已经赢得了我的信任，那么这通电话会进一步提高我对你的印象分。

此外，我很容易忽视你的电子邮件和短信，然而你的提案却着实令我心动。如果花 30 秒就能解决我的问题，这可太划算了，何乐而不为呢？

真理 2：电话恐惧症是真实存在的，努力克服它。

我知道你可能不喜欢打电话。我必须得承认，我也不喜欢打电话，因为我天生就对此感到抗拒。

社会心理学家将这称为电话恐惧症，也就是对打电话或者接电话产生的抗拒心理和恐惧心理。人们通常将其视为社会恐惧症或社会性焦虑中的一种。

我们可以从另一个角度看待这个问题。我不仅害怕打电话，还有些恐高。现在假设我的孩子跑到了一个很高的地方，她随时可能遇到危险，因此亟待救援。

那么我会去救她吗？当然！我丝毫不会犹豫，因为她对我来说无比重要。

这就是我的看法。尽管我不喜欢打电话，还是坚持每周照做，因为维持与顾客的关系要远比我自己的舒适程度重要得多。

你很抗拒打电话吗？没关系，对此感到尴尬很正常。但是如果你真心实意地想要帮助顾客，那么这便不能成为你怠慢他们的理由。

业界人士有话讲

我们的调研中有这样一个问题："什么在阻碍你进行跟单？"令人惊讶的是，11%的受访者都将"电话恐惧症"视为罪魁祸首，这可不是1%或者2%的零星个别人。也就是说，每九名销售员中就有一人害怕或者抗拒打电话，尽管他们的谋生之道就是和顾客沟通。

真理3：你拖延的时间越久，就越有可能放弃打电话。

打电话没有那么难！你只需要拿起电话，拨打号码，然后和电话另一头的人友善地交谈。

最糟糕的情况又能坏到哪里去呢？不开玩笑，我们来想想最坏的情况是什么？人身伤害？应该不会。吃官司？也不大可能。

其实最坏的情况只不过是直接被顾客拒绝罢了。但是如果你一开始就尽职尽责地努力工作并且在交谈中给顾客提供了一些有价值的信息，这种情况也很可能不会发生。

不要犹豫了，早点搞定这件令人头疼的事情吧！

打电话是诸多举手之劳中最令人讨厌的事，但同时也是诸多麻烦中最轻而易举的事情。

——罗伯特·斯托顿·林德（Robert Staughton Lynd）

最困难的就是下决定，剩下的只需坚持。你可以做你决定去做的任何事。你可以用行动来改变和掌控你的人生，而这其中的过程本身就是奖励。

——阿梅丽娅·埃尔哈特（Amelia Earhart）

▶ 为什么电话经久不衰

我们打电话的方式已然改变（从固定电话到手机），但是电话的用户数量却基本没变，始终居高不下。只是在如今，想要联系上一个人已经变得愈发容易了。

当然，通信的便捷性还同时带来了令人头疼不已的机器人电话和垃圾邮件，这些骚扰信息是如此频繁，以至于手机铃声有时候都能令我们接近崩溃。尽管这状况正在得到改善，美国人每年还是能收到总计 260 亿次机器人电话。

因此，许多销售员担心他们会被归类为电话推销员以及其他惹人讨厌的烦人精。我们都经历过这些事，因此很清楚大家有多么痛恨骚扰电话。

我希望大家能够牢记：这不是你们正在做的事情！你们与机器人电话和电话推销员不一样，因为你们已经和呼叫的对象建立了良好的人际关系。他们知道你是谁，而且大概也不反感你。

很多销售员会使用其他的跟单方式（比如电子邮件、短信和社交媒体）。这对于我来说反而是一个机会。我不想人云亦云地随大流，也不会轻易放弃他人不愿意做的事情，因为这样我才能实现他们想都不敢想的卓越成就。

▶ 准备打电话

如果你准备进行真诚有效的电话沟通，牢记以下几点：

1. 你的快乐或者焦虑的情绪会传染给顾客。

如果你感到惴惴不安，这种焦虑的情绪会轻而易举地扩散到顾客身上。但是仔细想想，其实没有什么值得焦虑的事情。你只不过是在巩固现有的人际关系。这应该是乐趣十足的！

2. 通过反复练习来热身。

反复练习你的开场白。把自己想象成一名演员或者音乐家，然后进入这个角色。这要不了几分钟，但是却能让你在心理层面上做好准备，然后全力以赴。

3. 在拨号前想清楚这通电话的主要目的。

具体而言，销售员打电话的原因一般有三种。你可以在每次打电话之前想清楚下列三个问题的答案。

- 你能在本次通话中为顾客提供哪些有价值的信息？
- 你能解决顾客遇到的哪些问题？
- 你能回答顾客的什么疑问？

在心中准备好这些问题的要点。我并不是很喜欢照本宣科地回答顾客的每个问题，因为顾客能轻易地听出来你是否在按照预先准备的讲稿和他们交流。但是我认为把策略的要点写下来是很有必要的。在我看来，高效沟通的关键就在于提前准备好要点。

在通话中时刻强调这笔交易的紧迫性。你需要告诉顾客为什么今天就应该给出答复，以及哪些信息仅在当前有效、很快就会过时。不要以为分享完信息就大功告成，之后便可以守株待兔，坐等着顾客下单了。一定要让顾客认识到，只有立即行动才是最有利的选择。

想要掌握这种技能吗？那就和朋友反复练习。你只需要在每次打电话之前有样学样地按照流程准备，看看这种方法能够给你带来哪些好处。

｜业界人士有话讲｜

我一入行就对跟单充满了热情，因为我发现这是一个能让我与众不同的好机会。95% 的竞争者对此不屑一顾，但是我却很清楚，只要我真诚地服务顾客、给他们分享重要的信息并且强调打电话沟通的必要性，顾客就会欢迎我的来电。所以我很早就学会了跟单的技巧：提前和顾客商定好电话沟通的目的和时间，不要让你的来电成为"不速之客"。

⬥ 电话沟通时的环境很重要

和医院手术室里的外科医生一样，你也需要创造一个有利于成功的工作环境。不要认为这是无关紧要的小事，一个良好的工作环境能够在很大程度上提高你的工作效率。

这意味着你需要做好以下几件事：

● 远离所有纷扰：脸书、电子邮件、杂乱的办公桌、讨厌的人等。找一个能让你感到清静自在的地方。

● 投入百分之百的注意力。准备好在接下来的通话中保持全神贯注的状态。

● 拨号之前设定好目标。此次跟单最好的结果是什么？如果你没能一蹴而就地达成交易，退而求其次的收获是什么？

● 把笔记记在便于查看的地方，这样你才能常看常新，和顾客建立起良好的人际关系。

● 提前让自己进入一种活力满满的状态。如果你准备在早上10点钟开始打电话，可以提前5分钟戴上耳机，听一听摇滚乐来振奋精神。《老虎的眼睛》(Eye of the Tiger)、《启动》(Start Me

Up）和《美好的一天》（*Beautiful Day*）都是不错的选择，甚至还
有更符合情境的歌，那就是金发女郎乐队的《呼我！》（*Call Me*！）。

▶ 阐释你的策略目标

你可以采用简单的三步策略来提高电话沟通的效率：接续沟
通、推进对话、完美收尾。

策略目标 1：接续沟通。

从之前中止的地方继续交谈。如果你反应够快的话，你就能
无缝衔接先前的沟通，并因此建立一种牢固的人际关系。

策略目标 2：推进对话。

增加价值。仔细思考你该如何为顾客提供有价值的信息并以
此来改善他们的生活。

策略目标 3：完美收尾。

在通话结束时确认顾客的意愿（请求成交或者约定好下一
步）。没错，你完全可以在电话里做到这一点！

▶ 设计自己的流程

下面是我为了出色完成电话跟单任务而制订的操作流程，它

包含了十个我认为简单且高效的步骤：

1. 清理你的思绪（以及你的办公桌）。

2. 拨号之前调整好微笑的表情。

3. 拨通电话后立即表明自己的身份。

4. 找到一个人际关系的切入点，无缝衔接先前的交谈。

5. 尽快将谈话引向此次沟通的目的。

6. 通过提供服务增加此次通话的价值（给予）。

7. 问一个问题来帮助你感知谈话的气氛以及顾客目前的交易意愿。

8. 在通话快结束时询问顾客下一步的行动计划（达成交易，下次预约，等等）。

9. 和顾客商定好下一步行动。

10. 积极快乐地整理好自己的笔记。

▶ 留下语音邮件

语音沟通毫无疑问是最有效的沟通方式。因此，我建议大家不要急着使用语音邮件，除非你打了三次电话顾客都没有接听。

语音邮件需要让顾客来采取进一步的行动（比如给你回电），这样就会让你失去对沟通的主导权，同时会让顾客承担决定下一步该做什么的心理负担。

当你不得不发送语音邮件时，一定要在邮件中告知顾客，你能够满足他们的某些需求。

邮件的内容要简洁，因为长篇大论会让顾客望而却步。每次打电话的时候都准备好留下语音邮件。同时还要保证邮件的前十个词就能具备一定的价值，否则接收邮件的顾客会直接点击删除。

▶ 意料之外的难题

当然，并不是所有的电话沟通都能像你希望的那样一帆风顺。当事情没有按照预想的方向发展时，你必须快速做出调整。

粗鲁的顾客

有这种可能吗？当然有。你可能会遇到一些厌烦你的来电的顾客，他们或许有充分的理由这么做。

请记住：你并不知道他们在生活中遇到了什么事情。你当然也不会知道在你打电话的那个时刻他们在经历着什么。有时你只是在错误的时间打了电话，销售员对这种事情早已司空见惯。

像一个顾问那样去思考问题，不要对顾客的消极态度做出过度的反应。简单地表示下歉意，告诉顾客你能提供一些他们需要的东西，然后试着问一下方便接听的时间。

顾客的不满

顾客想要的东西和他们认为你所提供的东西总是存在着差距。想要理解顾客的不满，你必须意识到这两者的差距，然后找出你们之间的分歧。

顾客永远会存在不满，因为没有什么解决方案是完美无瑕的。然而你要做的就是牢记这一点：如果顾客的不满足以让交易失败，那么他们根本不会搭理你。实际上，当顾客还愿意对你表达他们的不满时，这就说明你的方案可能不完美，但至少是可行的。

在这种情况下，你的应对措施和我们之前学到的销售技巧其实如出一辙：

- 对顾客坦诚的态度和清晰的说明表示感谢。
- 请求顾客进一步说明问题所在："能否告诉我更多信息？"
- 回答顾客提出的质疑。
- 尽可能完成交易。

拒绝

当然，顾客经常会直截了当地拒绝你。交易的失败看上去已经是板上钉钉的事，绝无回转余地。

然而在完全放弃之前，你还可以问一个问题："请问您所谓的不用是现在不用还是永远不用呢？"

有的时候，顾客的拒绝仅仅是因为时机尚未成熟。他们仍然有需要解决的问题，只不过并非现在就得解决。因此，询问顾客未来的意愿非常重要。

▶ 开始工作

现在你已经了解了背景知识、相关数据、理念以及操作流程，是时候开始打电话了。不要坐在这里想东想西，也不要过度准备、瞻前顾后。成功属于那些雷厉风行、付诸行动的人。

如果你因为感到抗拒而迟迟没有给顾客打电话，那就遵循本章的十步通话流程，勇敢地突破自我吧！

▶ 自问自答

1. 你的电话恐惧症有多严重？你是否曾经因为感到不适而迟迟没有拨打早该拨打的电话？

2. 回忆曾经遇到过的最糟糕的一次电话沟通。当时你遭遇了哪些令人不快的事情？

3. 回忆并写下进行电话沟通的 10 个步骤。你忘掉了哪些步骤？回过头复习一遍。确保你接下来的电话跟单包含完整的 10 个步骤。

4. 在打电话时保持微笑是如何帮助你进行积极乐观的沟通的？尤其是微笑对于良好的开场与收尾有什么作用？（对着镜子反复练习，检查你在打电话时的面部表情。）

5. 如果你准备给顾客留下一封语音邮件，你该如何设计一句能凸显价值的开场白？

▶ 付诸实践

写下一位你需要呼叫的顾客的名字。回顾一下拨打电话的 10 个步骤，然后立即照做！

第 11 章　电子邮件跟单

电子邮件可以是强有力的跟单工具，也可能是对时间的极大浪费。成功掌握发送邮件的方式和时机将会帮助你缩短销售周期。

➧ 电子邮件的历史

20 世纪 90 年代初期，给顾客发送报告、数据以及其他包含大量信息的文件的方法十分有限。基本上人们只能通过昂贵的连夜快递服务和复杂难懂的传真来发送这类文件。

接着电子邮件出现了，它如同穿着披风的英雄般盛大登场。这种新兴媒介大幅度地提高了信息的传播速度，即便人们需要使用调制解调器才能够拨号上网，但只需要按一下按钮就能够快速发送信件并且传递重要的信息。

你还记得早期的电子邮件吗？当你使用美国在线公司（AOL）的网络服务时，拨号音、振铃声、连接时的咔嗒声、数据流交汇时的刺耳声音以及确认你已经连上万维网的悦耳提示音交织成一曲杂乱的乐章。

无论如何，一旦连接上互联网，一位彬彬有礼的绅士就会以迷人而爽朗的嗓音声情并茂地宣布令人兴奋的消息："您有一份新的邮件待查收！"

我们曾经有多么热爱电子邮件，如今就有多么讨厌它。

电子邮件更快、更便捷，还不需要你通过舔信封来贴邮件。

——道格拉斯·亚当斯（Douglas Adams）

我们没能发现电子邮件其实是特洛伊的木马，潜伏于其中的正是名为"空耗时间"的怪物。没过多久我们就成了电子邮件的奴隶，在充斥着无用消息、似乎永无止境的信息海洋中随波逐流。

➡ 电子邮件的相关数据

如今，全球平均每天的正常邮件数量已经达到了 536.5 亿封，这是一个令人惊叹的数字。

但是不要忘了，全球平均每天的垃圾邮件却有 3029.9 亿封，是正常邮件数量的好几倍！

只有将近 15% 的电子邮件是正常合法的，而剩下的 85% 全是垃圾邮件。

被滥用的电子邮件多得令人惊愕，它们或是被用于网络钓鱼诈骗，或是发送一些宣传文章，尽管你一点都不关心其中的内容。电子邮件已经从有用的工具变成了惹人厌烦的公敌。而我们对此的应对方式则是不分良莠一概屏蔽。

随着时间的推移，我们发明了各种各样驯服这头"失控猛兽"的方法。

电子邮件过滤软件会试图识别垃圾邮件，然后将其拒之门外。如果发送者的电子邮件地址包含了"no-reply@"或者其他一些奇怪的字符（比如，gvt43020@t2221q.ml），那么这封邮件很可能会被放逐到无人问津的遗忘之地，即便它实际上是正常邮件。

主题栏中包含了垃圾邮件常用词的电子邮件也可能直接被放入垃圾回收站，甚至接收者都不会知道有人给自己发送了这封邮件。诸如"免费""现在购买""今天就行动""没有把戏"和"仅此一次"之类的关键词都会触发过滤机制，导致这封邮件被埋葬于电子世界的废土中。感叹号、星号和所有大写词都是常见的垃圾邮件标志。

这些屏蔽机制过滤了许多显而易见的垃圾邮件，但也只是杯水车薪罢了。

▶ 最常见的电子邮件处理方式：无视

为了对抗这头"空耗时间"的猛兽，我们通常会采用一种极其有效的策略，那便是直接无视它。

这种策略被使用得如此广泛，以至于人们逐渐将其视为了处理电子邮件的常规操作。你曾经多少次听到过（或者说过）这样的话："我没有收到过你说的电子邮件啊？"

我必须承认，我自己在处理电子邮件时也是删之而后快。事实上，我甚至觉得自己删除的速度不够快。

为什么我们对删除邮件的处理方法偏爱有加？因为如果我们准备硬着头皮处理每天接收到的大量电子邮件，如果我们真想仔细检查每封邮件包含的潜在价值，那么我们就得舍弃两种无价之宝：注意力和时间。然而事实上，我们的注意力极其有限，而能够自由支配的时间已经成了只存在于童年回忆中的模糊概念。

我们可以将注意力当作一种货币（因此才会有"花费注意力"的说法）。顾客已经在日常生活的方方面面投入了大量的注意力，在这种情况下要求他们将宝贵的注意力分配给每封邮件就会显得不合时宜了。

我们自己尚且不能认真处理每封电子邮件，为什么会希望顾客做到呢？在这一点上，我们和顾客其实没有什么不同。

▶ 我们的要点

最终我们得到了以下结论：

● 电子邮件已经被广泛滥用。

● 人们通常会无视收到的电子邮件。

● 明明有更合适的沟通方式，销售员却还要使用电子邮件，那便是自讨苦吃。

听上去我们应该彻底摒弃电子邮件，对吗？先不要急着下结论。如果你学会了合理的使用方式，那么电子邮件仍然能够在跟单中扮演不可替代的重要角色。也就是说，你得学会如何让顾客点开你的邮件并且阅读其内容。

实际上，花费在电子邮件推广上的每一美元的回报要显著高于花在移动电话、社交媒体、展牌广告以及搜索引擎等推广方式上的。

▶ 点开还是关掉

想要学习电子邮件的正确使用方式，你首先得思考一个重要的问题：哪些邮件会被顾客点开，而哪些邮件会被直接删除？毕竟，如果顾客没有点开邮件，无论其内容多么精彩也无济于事。

纵观各行各业，电子邮件的平均打开率是 15% ~ 25%，大概每五个人中只有一个人会打开同时收到的邮件。这个数据看上去很低，但是当我想到自己因为点击删除键而隐隐作痛的手指，顿时感觉也没有那么夸张了。

因此，即便你发送的十封电子邮件中只有一封能够被点开阅读，那你也能增加 50% 的成功概率了！

那么你的电子邮件打开率有多高呢？你知道如何追踪记录这个数据吗？

顾客又是如何决定邮件的去留呢？来看下列影响因素：

积极因素

- 认识的发送者和姓名。顾客与你越熟悉，就越有可能点开你的电子邮件。

- 高效的主题句。简短有力的主题句最有可能成功。
- 主题句中包含了顾客姓名的个性化邮件。
- 在邮件中包含数量适当的图片。如果你的文件太大，信息技术部门可能会将其屏蔽。
- 引人入胜的开头。在许多电子邮件平台上，顾客往往只能同时看到邮件的主题句和正文的前几个字。
- 出彩的内容。如果你的邮件内容空洞无物，那么顾客会理所当然地删除它。

消极因素

- 垃圾邮件的主题句。这样的邮件会被直接扔进回收站里。
- 没有表明身份或者顾客不熟悉的发送者。
- 拼写错误，排印错误等。
- 没有进行移动端版本的优化调整。截至此刻，55% 的电子邮件是在移动端设备上被点开的。
- 长篇大论。顾客会对过量的文本望而却步，因此请注意精简内容。

│ 业界人士有话讲 │

有时你想分享一些本身就很长、不适合用短信发送的信息。在发送电子邮件之前，我一般会提前打电话或者发短信告知顾客。比起直接发送邮件或者用短信发送大量信息，这种方式的回复率要高得多。

➡ 首句很重要！

电子邮件的首句对其打开率又有怎样的影响呢？很多人在查看邮件时甚至不会点开邮件，而是分屏启动邮箱然后进行预览。如果顾客可视范围内的邮件正文足够吸引人，那么他们就会点开邮件而不是将其删除。因此精彩的开头和能够预览的图片至关重要！

使用手机查阅邮件的人能够看到发送者、主题栏、日期以及正文的第一句话。所以我们必须在顾客向左滑屏、删除邮件之前抓住完美时机，捕获他们的注意力。

邮件的首句对你来说同样重要无比。发送邮件之前思考一个关键问题：这条信息能够给顾客提供一些附加价值吗？如果邮件的第一句话都做不到这一点，你还是再考虑一下是否要发送这封邮件吧。

同时也不要忘了提供个性化的服务。外联经理山姆·奈尔森（Sam Nelson）发现："如果你在邮件的前两句话中包含了顾客的个人信息，这封邮件的打开率会大幅度增加"。只要你能为每位顾客设计一到两句个性化的开场白，即便后面的正文千篇一律也没关系，因为这本来就是提高效率的策略。

➧ 电子邮件的要点

尽管电子邮件缺乏面部表情和语音、语调，尽管垃圾邮件无处不在，尽管千禧一代的年轻人们对短信和推特以外的一切事物都置若罔闻，这种沟通方式还是能起到不小的作用。即便是年轻的消费者也更倾向于使用电子邮件来进行商务沟通。总而言之，电子邮件在如今还是有一战之力的。

➧ 黄金法则

在你下次给顾客发送跟单邮件之前，先问问自己：如果你收到这封邮件，你会打开它吗？如果你已经这么做了，你真的会觉得开心吗？

➧ 自问自答

1. 检查一下邮箱里的前 20 封电子邮件。你打开了其中多少封邮件？哪些正向因素会让你产生打开邮件的想法？

2. 检查一下手机邮箱里的 20 封电子邮件。其中哪些邮件的可预览部分包含了个性化的信息以及引人入胜的内容？

3. 检查一下回收站的 20 封电子邮件。其中哪些邮件其实值得一阅？如果让你来发送这封邮件，你会如何为其增加积极因素并且减少消极因素？

4. 你是否在跟单邮件中添加了包含图片和视频的附件？如果没有，现在就开始练习，这样你才能知道如何正确使用这种方法。给自己、爱人和朋友发送电子邮件，然后在电脑和移动设备上将其点开，确保可以预览的内容看上去准确无误且引人入胜。

▶ 付诸实践

选一个你需要通过发送电子邮件来跟单的顾客。写一封能够吸引顾客立即点开的邮件，在这封邮件里展示你个性化创作的最高水准。看吧，是不是感觉很不错？

养成换位思考的良好习惯：如果我收到这封邮件，我会点开并阅读它吗？如果我这么做了，真的会感觉心满意足吗？

第 12 章　短信跟单

> 短信的即时性使之成为出色的跟单工具，而短信的频繁打扰也可能成为顾客将你拒之门外的理由。合理地使用短信能够铸就成功，而错误使用则会让你功败垂成。

▶️ 通信技术中的冉冉新星

在世纪之交，短信还是一种鲜为人知的通信技术。了解并能使用这种通信工具的人不得不熟练掌握多重按键系统的使用方法（反复点击手机按键，直到出现需要的字母）。对于多数人来说，发送短信在那时还是一件费时费力、得不偿失的麻烦事。

即便如此，这种技术也有为人称道的优势，尤其是对于那些不喜欢打电话的人来说。21 世纪初，短信技术一直保持着高速发展的势头。

2007 年见证了两件大事的发生。

第一件大事：苹果公司推出了包含触屏功能的苹果手机，这项产品在通信技术产业掀起了一波变革的浪潮。

第二件大事与通信行业的变革息息相关：人们每个月接收与

发送的短信在数量上首次超过了电话沟通。

自那以后，人们交流沟通的方式发生了翻天覆地的变化。

今天的局面

来看看以下数据：

● 美国人每日发送 260 亿条短信。

● 短信是智能手机最常用的功能。

● 97% 的智能手机用户频繁地使用短信功能。

● 每个美国人平均每日总共要发送和接收 94 条短信。

● 美国人使用短信的时间是使用邮件的时间的两倍。

短信的优势

短信的广受欢迎有充分的理由：

短信是 种快捷的沟通方式

在一个效率至上、速度为王的社会中，短信是一种无与伦比的工具。我们能用一眨眼的工夫完成信息的发送和接收，能用一个表情符号展现内心感受，能轻轻点一下按键来确认预约信息，还能用一张精心挑选的动图让屏幕另一边的某个人捧腹大笑。

简短的信息最适合快速、高效地传播。

短信可提高接触频率

我很喜欢与人沟通，但也不想每次遇到鸡毛蒜皮的小事和微不足道的任务都要进行长时间的交谈。短信能够让我以一种轻松、快捷的方式保持与他人的接触。

短信总会被阅读

"移动营销观察"报告显示，98% 的短信会被点开阅读，而与之相比，电子邮件的点开率只有 22%。

▶ 短信的缺陷

遗憾的是，过度依赖于短信、将其作为主要沟通手段可能会严重损害销售员与顾客的关系。注意短信的以下缺陷，不要掉入它的陷阱。

短信是一种单向沟通方式

短信并不是一种有效的双向交流，而是一系列简短的单向信息，往往会随着时间的推移丧失前后的关联性。如果我们过于依赖短信，有时会忘记每条信息的语境以及其具体含义。永不停歇、你来我往地收发短信也可能令人不胜其烦。

人们很难通过短信分享或察觉彼此的情感

语音沟通的一个主要优势就是能够表达情感。我们在交谈中传达的不只是语言和文字，更有能够改变语意的抑扬顿挫的语音语调。我们曾经多少次因为短信无法准确传达情感而感到心急火燎。

短信会淹没在其他的信息噪声中

想象一下你收到了一条短信，简单扫了一眼，然后对自己说，"我过一会儿再回复。"接下来会发生什么？这条短信会被其他 15 条短信淹没。实际上短信就是这么容易被人忽视。（至少对我来说是这样的！）

短信会阻碍我们建立深入的关系

发短信很简单，但这也可能被视为不想打电话的偷懒行为。良好关系的建立需要时间、精力和情感的投入，但是最重要的是，这些都离不开充分的双向沟通。安逸地发几条短信很难让人们建立这样深厚的关系。

无论在意识还是在无意识的层面上，任何文本都产生于创造者固有的符号体系，只有同样了解这一符号体系的人才能将其解码。

——伊万·安杰洛（Ivan Angelo）

▶ 满足顾客的需要

事实上，我们所处的世界高度重视效率。我们想要快餐、快车、快递（感谢亚马逊！）以及能够快速获取的信息。

近期，为了购买一件定制 T 恤，我在一家大型的男装零售店测量了尺码。我刚刚走出店门就收到了一条致谢短信，里面还附有一条可以给我提供帮助的网站链接。一周后，我又收到了一条跟单短信，这次销售员给我发送了不同的网站链接，我点进去后能够查询物流信息。在收货后的第二天，我收到了最后一条确认收货的短信，里面包含了售后服务网站的链接。

这些短信跟单服务都遵循一套快捷、轻松、高效并且能让顾客心满意足的自助流程。

那么这个故事和我们自身的短信跟单工作有关系吗？当然有。我所描述的这种自动系统能够培养顾客对简洁、及时和有用的短信的偏好。顾客并不在乎短信的发送者是真人还是机器人程序，他们只关心短信能否提供附加价值。

所以这就是问题的关键：你的短信是否能提供额外价值？因为无用的短信只会浪费顾客宝贵的注意力，成为令他们心烦意乱的骚扰信息。

▶ 跟单短信案例

那么我们是否应该在某次跟单中使用短信呢？

答案是……视情况而定。毫无疑问，短信沟通在销售工作中有一席之地，下面的数据可见一斑：

- 90% 的受访者在交易过程中更希望收到短信而不是电话。
- 95% 的商务短信在发送后三分钟以内就会呈现已读状态。

这些关于顾客偏好的数据能够强有力地佐证我们的猜想：恰当的跟单短信能够改善顾客的购物体验。

假设你在销售游船，这可是真正需要酌情购买的商品。你的顾客正在两种选择中举棋不定，不知道是该花更多钱买一艘新船，还是应该买一艘更便宜但也更有风险的二手船。他给销售代表最后的回应是："我还需要一些时间货比三家，看看有没有更好的选择。"

一条糟糕的跟单短信会是什么样的？大概像这样：

"我希望您能购买我们的商品，这笔交易一定很棒。"

这种短信是对顾客的时间和精力的极大浪费！你当然觉得这笔交易很棒，毕竟你的工作就是拿下交易、获取报酬。

| 业界人士有话讲 |

尽管电话、短信和电子邮件石沉大海是家常便饭，但我还是一直坚持不懈地主动联系顾客。在月复一月的努力之后，终于有人回复了我的短信。在收到短信时，这位顾客正在经历离婚在即的艰难时光，因此过了很久才有回复短信的心情。最终他购买了一幢房子！努力终究会有回报。

下面是五种有效的跟单短信：

1. "很荣幸与您聊天，理查德先生。请允许我对您的情况做一些调研。我将在 5 点钟致电您，届时会为您提供更多关于……的信息。"

2. "我偶然发现了一篇比较新船和二手船的文章，里面的观点客观平衡，能够为您的决策提供一些参考（附上文章链接）。我将会在明天致电您。"

3. "我给您发送了三张您感兴趣的猛禽号的模型图片。这是一艘漂亮的船，您的眼光真好！（附上照片）"

4. 发送一段关于顾客感兴趣的这艘船的实景视频。根据顾客的需要来描述这艘船。

5. "我发现了一篇讨论船只绳缆安全性的文章。如果二手船也在您的考虑范围内，绳缆安全性绝对是不容忽视的因素。"

上面的每种短信都致力于维持顾客的情感海拔。在发送短信时，一定要让顾客投入真情实感。

▶ 提醒的只言片语

首先，我希望大家从顾客的角度而不是自己的角度来思考这个主题。我们对短信的想法和偏好各不相同，但从销售的目的来看，唯一重要的就是顾客的喜好。

社交短信和交易短信有着天壤之别。前者隐含着不拘礼节的非正式性，即便偶有错字也情有可原，甚至常常可以用表情图来省去打字的麻烦。而在销售流程中，没有分寸的非正式用语颇具风险，所以最好不要想当然地随意用词、插科打诨。

其次，在决定跟单方式时，千万不要依赖于自己对安逸选项的偏好。许多销售员不是因为效率而是因为安逸省事才选择以短信作为跟单的沟通方式。

不要为了省事而过度依赖短信。语音交谈永远是维持买卖关系的不二选择。如果短信仅仅是你个人的偏好，那么请坦率面对自己的内心，不要自欺欺人地认为顾客也会选择短信作为沟通方式。

如果你将跟单沟通视为一个整体，那么短信是一种值得考虑的工具。销售加速公司维罗西非近期的调研发现，如果潜在顾客在与销售员初次联系后收到了跟单短信，那么他们的转化率是其他已联系顾客转化率的两倍之多。

▶ 发送短信时应该做的事

- 征求许可。

- 积极主动地发送短信。

- 使用完整的语句。不要使用"LOL"（表示"大笑"）或者"IMHO"（表示"恕我直言"）这样的缩略表情字符。

- 检查一下你的拼写，尤其是因为自动纠错而改变原意的词。

- 保持精简。最好一句话，最多两句话。

- 展现出专业性。

▶ 发送短信时要注意的事

- 不要装可爱；可能会产生误解。
- 不要在几个小时没等到许可后就贸然发送短信。
- 不要使用行话和缩略词。
- 不要进行长时间的短信交流。（长时间交流请打电话！）
- 不要用短信轰炸顾客。有些人还需要为此支付短信费。

还有一件千万不要做的事情：如果你正在和一位顾客面对面地交流，不要把你的手机拿出来。当人们收到一条短消息时，很难抵抗扫一眼短信内容的诱惑。即便你的手机没有开提示音，收到短信时的嗡嗡振动声也会打扰你的思绪，转移你对眼前顾客的注意力。不要成为手机短信的奴隶！

当手机依赖症患者和你共处一室时，他会一直给身处异地的其他人打电话、发短信和电子邮件，以至于你们彼此相处的优质时光会被频繁打扰。

——杰斯·奥尼尔（Jayce O'Neal）

▶ 最成功的实践经验

近期我通过领英（LinkedIn）对销售员做了一个非正式调查，问了如下问题：你在跟单过程中是如何使用短信的（主要是在第一次交谈之后，到和顾客商定好下一步行动之前的这段时间里)?

下面是一些相当有趣的回答：

"我通常会询问顾客对后续沟通方式的偏好：手机、电子邮件还是短信。多数顾客选择了短信沟通，并且我发现顾客回复短信的速度要更快一些。"

"我会在挂电话之前主动给顾客发送一些有用的信息，然后根据发送的信息再问一个问题。这种方法能够维持沟通，用起来感觉很有效。"

"一位从事短信推广工作的朋友告诉我，人们会在平均四分钟以内查看短信。几乎所有你发送的消息都会被立即查看，但是如果你想得到回复，那就得给短信增加一些价值了。"

"在初期沟通中，我只会为了预约电话沟通才发送短信。我所在的销售平台有一种持续向顾客自动发送邮件和短信的细流推广策略。但是只有当我想出一种安全的使用策略后，才可能在未来参与到其中。值得一提的是，这个平台使用了我的真实手机号码而非'简码'来发送短信。我认为这种自动化短信会让销售工作失去真情实感的投入。"

"我们能得心应手地使用视频短信！我们会发送多种类型的短视频，比如向顾客展示他喜欢的厨房，或者由业主拍摄、展示出丰富多彩的社区活动，还有介绍市场价格行情的视频……视频短信总是能得到顾客积极的回复！"（来自建筑公司的销售代表）

"我使用短信来表达感谢、回答问题、提供额外信息、确认预约以及发送视频。很少会遇见无人搭理的情况。"

▶ 短信的基础要点

短信在跟单中是否有一席之地呢？毋庸置疑。那么短信是否有被滥用的风险呢？这种情况也比比皆是。事实上，短信已经成了商务领域不可或缺的沟通方式，并且会在未来长盛不衰。你所要做的就是最大化短信沟通的效率，同时尽可能减少短信对顾客的烦扰。找到两者之间的最佳平衡点然后迈向成交吧！

▶ 自问自答

1. 你曾经发送过的最失败的短信是什么样的？冒犯到了对方？短信的内容令人不解？还是说发错了人？把这些经历记录下来……然后吃一堑长一智！

2. 一条短信中最多能包含 918 个字符（也可能是多条信息拼接在一起发送的）。为什么这么长的短信对于跟单工作来说有害无益呢？

3. 如果没有事先在电话中获得许可就贸然发送短信，那么你可能会遇到什么样的问题？

4. 在征求许可时，你可能会发现不同顾客对于短信沟通时机的偏好迥然不同。你该如何管理不同顾客的偏好信息来避免打扰到他们？

5. 你应该如何应对顾客在短信回复中表现出的不悦？

▶ 付诸实践

　　回顾一下你最近给顾客发送的5～10条短信。分析短信内容，检查一下你是否违反了本章里介绍的短信规则。然后问自己一个至关重要的问题：这条短信是否给顾客提供了额外的价值？

　　是时候大显身手了！挑选五位在当前交易进度下适合短信沟通的顾客，遵循指南，避免踩雷，然后现在就开始发送短信！

第 13 章　视频跟单

想要真正做到出类拔萃吗？那就试着走标新立异之路。视频跟单是能给顾客留下深刻印象的秘密武器。

▶ 使用视频跟单的原因

如果你想在销售过程中给顾客留下深刻印象，最理想的工具大概是什么样的？

- 非常容易执行。
- 零成本。
- 强力影响。
- 吸引顾客的情感投入。
- 有趣。

女士们、先生们，来试试视频跟单吧，这是一种能以最小的投入产生最持久影响的沟通工具。

⯈ 案例研究

　　布雷克在得克萨斯州奥斯汀市从事新房销售工作。某天，一位对大木屋情有独钟的顾客给他打来了电话。如果布雷克负责的住宅区无法提供这位顾客所需的住宅，她会直接另寻新址。这位顾客也清楚地表示，她可不愿意浪费时间参观无法满足需求的住宅区。

　　在布雷克看来，目前他面临着两个问题。首先，这位女士的需求很明确，而他也不想让顾客失望。其次，这位顾客直言不讳的语气表明了她对销售员这个职业不太正面的整体看法。

　　基于这两个问题，布雷克决定使用视频短信的沟通方式。于是，布雷克拿着手机径直走向了他认为最适合这位顾客的住宅。他来到这处住所然后拍摄了一段一分钟左右的视频，除了自我介绍，他还边走边展示了住宅周边的树木。

　　坦白说，视频的质量并不高：画面晃动剧烈，语音断断续续，而且也没有经过润色编辑。但是这就足够了！这部视频未经加工，完全真实，并且提供了顾客所需要的个性化信息。它减轻了顾客的担忧，并且向她表明，布雷克是那种尽心尽力提供服务的销售员。

　　还有一点需要注意：视频短信是一种提前进行的跟单。顾客已经浏览过售房网站，所以对这片住宅区提供的房源非常了解。他们此前已经进行过电话沟通，但顾客还是心存疑虑。布雷克通过这段视频展现出自己的优秀品质，因此能让顾客放下心防，按时赴约。

如今网站已经能充当初次销售展示了，很多顾客都把浏览网页作为购买过程的第一站。考虑到这一点，在正式销售展示之前录制的视频已经能算作有效的跟单了。

◈ 视频的时代

对于普通买家而言，如今视频已是习以为常的传播媒介：可能是视频短信，也可能出现在色拉布（Snapchat）以及其他社交媒体平台上。据优兔网统计显示，2019 年全球用户每天在该平台观看视频的总时长高达 10 亿小时。

拍摄和剪辑视频曾经被视为流程繁杂、成本高昂的任务，而如今人们却可以不费吹灰之力地完成一部视频。智能手机面世的前一年中，人们需要花费上千美元、投入上千小时的时间才能制作一部视频，而如今只需要几分钟，并且不用花一分钱。

此外，年轻的顾客对视频信息偏爱有加，他们也很清楚制作视频没有以前那么麻烦。

｜ 业界人士有话讲 ｜

"我曾经给一对夫妻打电话，告诉他们有一套空置的精品房待出售。这个时间对他们来说刚刚好。我仍然记得这对夫妻很喜欢散步并且对我们的步道很满意。于是，我给他们发了一段在步道上散步时拍摄的视频，然后告诉他们这幢房子有多么可遇不可求。在他们回电的次日，我们进行了面谈。整个过程一半的时间里，我们都在这条步道上边散步边讨论接下来的行动，然后就看到了这幢房子。这对夫妻第二天就购买了房子，直到如今，我还能每天看到他们在小区里散步。"

▶ 数据不会说谎

如果我的话不能让你相信视频的力量，那就来看看这些数据吧：

- 在电子邮件中添加视频附件能够增加 8 倍的点开回复率。

- 看到产品相关视频的顾客最终购买该产品的可能性要增加 85%。

- 在交易的后半程中收到个性化跟单视频时，75% 的顾客最终选择了下单。

- 87% 的公司如今会使用视频进行推广。

毫无疑问，视频跟单行之有效，并且成效甚佳!

还有一个需要强调的事实：90% 的消费者会在移动设备上观看视频。好好利用这一点。

▶ 为何如此有效

为了理解视频跟单的强大影响，首先你必须了解大脑是如何处理信息的。《美国眼科期刊》的研究表明，50% 的神经组织与视觉有直接或间接的关系，能够对视觉学习有所帮助。当我们保持睁眼的状态时，视觉信息的处理会占据脑电活动的三分之二。简而言之，人类是一种视觉物种。

> 一张图胜似千言万语，而一段视频则相当于百万张图片。
>
> ——安卡拉·苏巴拉奥（Ankala Subbarao）

视频是一种有趣、人性化且令人难忘的信息载体。它的强大影响力来源于对人类情感的吸引力。

我们往往在大脑的逻辑分析区域中处理文本信息，而视频信息则交由大脑的情感核心。哪种信息更容易促成交易想必无须多言了。

因此，营销团队制作的电视广告从来都不是在展示产品的规格和特点。顾客在广告中看到的是他们真正想要购买的东西：产品所带来的更加美好和幸福的生活。这便是视频的力量。

▶ 心理便利贴

真正重要的不是我们看到的信息，而是最终保留在脑海中的视觉记忆。《大脑当家》的作者约翰·梅迪纳（John Medina）博士指出："如果人们看到的信息图文并茂，那么在三天后还能记住其中 65% 的信息，而单一的文本信息在大脑中只会保留 10%。"

视频不仅能作为营销信息，还可以被视为某种情感体验的便利贴。我们可以在视频和某种具体情感之间建立关联，这样就能毫不费力地回忆起视频中的图像信息了。

假设你正在销售运动器材。你可以给顾客邮寄一份宣传册，或者用电子邮件发送一些器材的照片，这两种方式都能让顾客对你的产品有更好的了解。然而视频却能捕捉某种在照片中看不到的东西，那便是情感。顾客不仅能从视频中了解运动器材的使用方式，更重要的是能够感知到器材使用者积极的情感体验。

从视频广告中，你能看到人们对课程的积极评价，还能看到他们在跟着课程运动之前是如何郁郁寡欢、而在运动之后又有多么生龙活虎。视频广告的目的就是调动人们的情感，让人们对购买产品后的美好未来充满希望。

▶ 那么为什么没有更多销售员使用视频来跟单呢

为了完成此书，我们调查了数百名销售员并且问了一个这样的问题："你们使用不同沟通媒介进行跟单的百分比各是多少（包括电话、电子邮件、面对面交谈、短信、视频和社交媒体）？"其中视频跟单的占比只有5%!

需要明确的是，视频营销的确在蓬勃发展。但是我们现在讨论的不是营销视频，而是跟单视频，也就是为特定顾客录制更加个性化且更具针对性的视频信息。

为什么如此多的销售员对这种强大的媒介熟视无睹？答案很

简单：不适感。

销售员或者担心自己在镜头里看起来很尴尬，或者不清楚拍摄视频的技术要求，又或者只是不愿意涉足不太熟悉的领域。无论是因为哪种理由，人们对舒适区的依赖都在阻碍着自己实现更大的成就。

实际上，为顾客拍摄个性化的视频对你来说是小菜一碟！一旦你掌握了这种方法，你整天都会想着给顾客发视频。

视频跟单不应该是一种前卫的方法，然而直到本书写作的时间，这种情况仍未改变。原因很简单，无人问津的方法变成了前卫的方法。

▶ 脱颖而出

对于各位来说，这可是标新立异、脱颖而出的好机会。当其他人心生恐惧、望而却步时，只要你逆流而上，就能以举手之劳提升顾客的购买意愿，何乐而不为呢？

成功总会留给能够抓住机会的人，但是这样的机遇往往稍纵即逝。

▶ 开始行动

千里之行，始于足下。我建议大家先给自己发一段视频来熟悉操作流程。对于多数人而言，拍摄视频用不着下载高端软件或者在软件即服务（Software-as-a-Service，SaaS）平台上订阅在线软件，一部智能手机就绰绰有余了。

你只需要把镜头对着钢笔或者咖啡杯，随便说几句话，然后把拍摄好的视频发给自己（如果你不知道如何操作，直接跳转到优兔网并在搜索栏里输入"如何发送视频短信"。然后你就能检索出数不胜数的视频教程，它们会给你展示任何一部智能手机的详细操作流程）。学会之后再给你自己多发送几条视频信息。

一旦你掌握了操作流程，那就可以开始升级挑战了。给一位朋友或者家庭成员发送一条视频信息，内容大概是"表达思念之情"即可。在这个阶段，你只需要适应给他人发送视频的过程。

接着就可以给交好的顾客发送一条短视频了，先选择不太可能对此感到冒犯的熟悉顾客。在视频中感谢他们的惠顾，并且告诉他们自己随时可以提供服务。

掌握这种技能的要点就在于步步为营，稳扎稳打，勇往直前，直到成为视频跟单大师。

▶ 内容为王

始终牢记：视频是否精美无关紧要，重要的是视频的内容。对于顾客来说，视频镜头有些晃动或者销售员脸部画面不完整都是无可厚非的瑕疵。实际上这种看起来很业余的粗糙视频反而比后期精心润色的商业广告更真实可信，人们往往习惯于后者却也对其感到厌烦了。

不要总想着制作出超高质量的视频，因为过程中投入的努力要远比最终的成品更重要。我曾经见过很多对视频跟单望而却步的销售员，他们的理由仅仅是担心自己看起来不上镜。勇敢尝试视频跟单，不要像他们那样畏缩不前！

▶ 简单难度的视频

最基础的拍摄方法就是把镜头对着产品（或者是产品对于顾客来说最有价值的部分）然后进行简单的描述。你用不着真人出镜，只要保证自己的声音充满活力和热情即可。

好消息是即便这种简单的视频也能够产生明显的效果！如果你对视频的成品不太满意，也不必担心，只需要反复录制，直至心满意足。

▶ 进阶难度的视频

如果你能在视频中展现出自己真诚的笑容，顾客一定愿意让你们的关系更进一步。我知道你在想什么："我不喜欢自己出镜的样子！"呃……虽然不想打击你……但那就是你真实的样子！

顾客早已知道你的样貌，他们并不在意，只有你对自己的出镜心怀芥蒂。顾客之前便见过你，并且更重要的是，他们已经对你产生了好感！

视频跟单并不仅是在传递信息，更是对先前对话的延续和对人际关系的维持，所以你一定要克服疑虑，勇往直前！

➡ 大师难度的视频

如果你真想脱颖而出，那就试着用视频来为顾客描绘出一幅美好的未来图景。最好的视频就是针对每位顾客的特点制作的个性化视频。一旦你掌握了这种方法，就会发现视频跟单变得如鱼得水了。此外，制作视频的过程也会乐趣无穷。

● 你是一名珠宝销售员，目前正在卖一枚订婚戒指。你需要在一个适合拍婚纱照的地方拍摄一条视频信息。大师级视频挑战：首先为闪闪发光的戒指拍摄一段特写，然后推进镜头，拍摄正在开心地摆着姿势的准新娘。

● 你是一名汽车销售员，并且得知你的潜在顾客是高尔夫爱好者。你可以拍摄自己站在后备厢前装卸高尔夫球包的视频。大师级视频挑战：你可以拿出一个奖杯，展现一点雅致的幽默，这尤其能够让顾客加深印象。

● 你是一名房屋销售员，遇上了一位养了两条狗的顾客。你可以在遛狗公园拍摄一段视频。大师级视频挑战：你可以在一处待售住宅前面遛狗，然后让它恰好在这个时候欢快地叫几声。

● 你正在销售生产设备。你可以在设备表面或里面贴上一些头像，比如书架上的小精灵、漫游小矮人或者小扁人斯坦利，贴在传送带、水壶、锅炉或者发动机上都可以。大师级视频挑战：

给这些小人头像配上幽默的旁白。

毋庸置疑，最好的视频就是个性化的定制视频。充分发挥你的想象力吧！

▶ 优秀视频内容的建议

1. 简明扼要。考虑到多数顾客会用智能手机观看视频，视频总长度不要超过 30 秒，15 秒最好。

2. 选对场景。背对着窗户自拍会导致画面曝光过高，背靠着空白的墙面自拍则可能让你看起来像是被挟持了。最好能找到一些让人身心愉悦或者看上去很有趣的场景作为拍摄背景。

3. 如果你的视频中有音频，确保顾客能听懂视频里在说什么。

4. 展现活力。你不必表现得过于亢奋，但一定要展现出积极的情感体验。可以问问自己：我希望顾客达到怎样的积极程度？那我就按这个标准来表演。

5. 找准情感。人类是情感生物，往往会做出感性的决定。找准符合这种时刻的情感然后将其展示于视频中。先前就已经相谈甚欢的顾客能够让你在镜头中展现出更加积极的情感！

6. 如果是拍摄时间更长、投入更大的视频，那就像专业人士那样写好故事板（想好场景设置、可行光线、周边噪声）。几分钟的策划能帮你避免翻来覆去地重拍。

7. 在视频中包含关于下一步行动的信息。你可以在视频中提醒顾客预约的沟通时间、告知顾客你即将致电或者提及其他的行动安排。总之，你要做的就是让顾客始终记得，你们的沟通还远未结束！

还好就是足够好了。

——佚名

➡ 发送视频

视频信息也有一个缺点：它总能让公司的信息技术部门如临大敌。视频文件的体积远大于照片和文档，而许多电子邮件服务器会限制可传输文件的大小。

发送视频短信能帮你绕开这个问题，使用的第三方视频服务平台也能做到这一点。

➡ 视频的要点

我所做的一切标新立异、提升记忆点的事情都是为了吸引顾客宝贵的注意力并最终让我脱颖而出。视频能诱发情感，而情感总能令人记忆犹新。不要让恐惧成为你成功路上的绊脚石。勇往直前，特立独行，让顾客对你念念不忘，最终你便能实现非凡的成就。

▶ 自问自答

1. 在视频跟单中，你该如何使用面部表情和肢体语言来更好地传递信息？

2. 你在给朋友、家人和交好的顾客发送测试视频后收到了哪些正面和负面的反馈？你该如何利用这些反馈来改进视频？

3. 挑选五名顾客，为每个人策划定制视频的故事板。

4. 针对不同的顾客，你的视频会表现出怎样不同的特点（比如老年人和千禧年的年轻人有什么不同）？

▶ 付诸实践

立即付诸实践，开始制作跟单视频。必要的话先从入门级视频做起，按照你在本章中学习的操作流程，先给自己发视频，然后是朋友，最后是顾客。

在先前的环节中你已经为五位顾客策划了定制视频的故事板。选择其中一位顾客，现在就开始为他拍摄跟单视频。三、二、一……开始！

第 14 章　独特的跟单方式

是时候发挥创造力、让自己变得与众不同了。没有人可以事事亦步亦趋，还指望能够实现非凡的成就。

▶　创造力大有裨益

你可以把跟单视为枯燥无味、令人抗拒的琐事，也可以将其看作发挥创造力、展现独特性并且令人乐在其中的大好机遇。正确的理念能让你的跟单工作事半功倍。

当你在阅读这个重要的章节时，我希望你能够毫无保留地张开想象力的翅膀。仅仅打破常规是不够的，你要做的是颠覆常规、另辟蹊径。

在学习了这些常规跟单方式后，你还欠缺什么呢？答案就是与众不同、别出心裁、令人记忆犹新的跟单秘法。

▶　独特性很重要

我们生活在一个高度同质化的世界，这里处处都是跟风模仿者。如果我把你丢进一家看不到招牌的大型连锁百货商店，你恐怕永远不知道自己身在何处。

我们穿着同样的牛仔裤，吃着同样的法式炸薯条，看着同样的球队，直到某人用别出心裁的想法和行动吸引了我们的注意力。

● 还记得苹果手机横空出世的时候吗？无论购买与否，人们都对其了如指掌。

● 咖啡在过去只是一种普通的饮品……直到星巴克风靡全球，让喝咖啡变成了一种时尚。

● 乘坐出租车在过去是一件碰运气的事，而优步则改变了业界局面。

在这些以及其他更多的案例中，正是独特性吸引了我们的目光。那么你目前使用的跟单方法又如何呢？这些方法真的独树一帜吗？铺天盖地的营销信息早已让顾客的大脑不胜负荷，如果你的跟单方法平平无奇，你又怎能突破重围、获得顾客的青睐呢？

人这一生没法做太多事情，所以每一件事都要做到精彩绝伦。这就是我们的人生。

——史蒂夫·乔布斯（Steve Jobs）

➡ **机遇**

我列出了一些未被充分利用的跟单方法，其中一些你可能闻所未闻，而另一些则是人尽皆知的传统方法。

积极主动地学习这些方法。想一想现在你应该跟单哪些顾客。在跟单的过程中，你能将下面哪些方法立即付诸实践？如果你看到一个不错的方法，却只是点头称赞，那么你的工作将毫无进展。只有行动才能为我们带来成功。

我们开始吧……

手写信件

你是认真的吗，杰夫？你真准备从这里开始讲？这大概是已知最古老的跟单方法了吧。

没错，手写信件和书写文字的能力一样历史悠久。实际上，在最长的一段时间里，手写信件是销售员的唯一选择。

让我问你两个问题：第一个问题，你上次在邮箱里收到一份个性化的手写信件是什么时候？第二个问题，如果你收到了这种个性化的手写信件，你是否会优先回复这条信息。

在当今社会，我们很少会收到手写信件，因此会对其格外重视。手写的过程本身就是向顾客表明："因为我很在意您，所以才会费时费力地做这种事。"如果你想轻易证明自己尽心尽力的态度，手写信件是一个不错的方法。

花5分钟手写，再出50分的邮资，然后就大功告成了——你已经给顾客留下了深刻的印象。

| 业界人士有话讲 |

除了电子邮件、短信和电话，我还给顾客寄去了一封手写的致谢函。在信封中，我附带了两张名片，并且请求顾客将名片转交给一位朋友或者家人。手写并邮寄信件当然会花费更长的时间，但无论什么年龄段的顾客都会在收信后倍感惊喜。之后竞争对手就能从顾客那里听到自己被拒绝的原因，那便是有人使用了更用心的手写信件。

飞书信（Messenger）或者唱歌电报（Singing Telegram）

这些方式绝非新潮，但如今也无人问津了。这便是你能利用的机会。只要你使用的方法能出人意料，即便它已经过时或者失宠于受众也无所谓。如果某人穿着戏装、唱着用跟单信息编成的小曲来到了你家门口，你会好奇地观望还是视若无睹地关上门呢？想必不用我多言了。

社交媒体

市面上关于社交媒体营销的著作已比比皆是，然而却很少有人讨论社交媒体在跟单中的作用。

定期在社交媒体上发布重要信息并且展示自己的存在感是一种不错的策略，因为这样能给那些使用同样社交媒体平台的顾客留下一些积极的印象。然而这便是你能在推特、脸书或者照片墙上产生的最大影响，不要指望能用这种方式来跟单。

问题就在于，这些平台基本被视为社交工具而不是商务沟通媒介。营销者当然可以通过信息的粗放投放在社交媒体上吸引受众，然而这种方式却很难适用于个性化的跟单。

但是对销售员来说，社交媒体还可以被用作挖掘顾客背景信息的高效工具。你可以通过社交媒体更加深入地了解顾客，而这些额外的信息能够帮助你制订个性化的跟单策略（不用担心媒介伦理问题；如果顾客不希望公众了解他们的某些信息，那么他们一开始就不会将其发布在互联网上。只是注意不要滥用顾客过于细节的个人信息，否则他们会把你视为跟踪狂）。

介绍信

假设你经营游泳池设备安装业务，这可是一项昂贵的酌情购买服务。如果顾客还需要一名园艺设计师，你能帮他找到一位园艺好手吗？

在顾客购买之前，我们需要基于产品的性质推测出顾客可能需要的其他东西。或许你并不能直接满足顾客的额外需求，但是如果你能为他们推荐一位值得信任的好手，顾客一定会感激不尽。

礼物和赠品

许多公司会在办公室里摆满令顾客垂涎的商品。那么你能否提供一些让顾客感激不已的小赠品呢？

我近期购买了一根曲棍球球棍，而商家还顺带给我寄来了一件印着公司名称和标志的 T 恤。曲棍球球棍售价 300 美元，而这件 T 恤只值 10 美元，但是我会继续穿着它去曲棍球场和队友们打球。这就是很出色的营销手段！

这种方式之所以有效还有另一个更深层的原因，那便是它符合互惠原则。罗伯特·西奥迪尼博士（Dr.Robert Cialdini）在他的著作《影响力》中指出："如果你率先为他人付出，那么对方回以恩惠的可能性要增加 13 倍"。

如果你希望顾客给你回电或者做出再次光顾的承诺，那就在你提出请求之前给他们寄一些小礼物。

入场券

美国职棒小联盟、艺术节和葡萄酒节、当地音乐会以及电影院的入场券都能赋予你跟单的机会（前提是这种小礼物不会违反你自己、顾客和公司的职业道德规范）。

牢记我们所说的互惠原则。当我们赠人玫瑰，对方会注意到你、心存感激然后自然而然地产生以某种方式回礼的想法。如果赠礼没有产生这样的效果，至少下次联系时顾客会表现得更礼貌。

先前顾客拍摄的个性化推荐视频

我在上一章里聊到了视频的使用方式，但此处提及的视频有些许不同。人们会自然而然地信任那些与他们有共同点的人。因此，你可以找一个曾经遇到同样状况的顾客，对她进行三分钟的采访，邀请她谈一谈自己的购买经历。

假设你在售卖度假胜地的别墅。你正在联系的顾客有些心动，但是对于如此大的一笔开支，他还是有些犹豫不决。给一位以前的顾客打电话，然后带着你的智能手机亲自登门拜访。把手机固定在三脚架上，花3分钟拍摄一段采访视频，让顾客聊一聊自己的购买体验。关键在于，拍摄的视频需要展现出顾客在新住宅中怡然自得的美好生活。你可以拍摄他坐在湖边的观景木台上或者站在高尔夫第一发球台上的画面，也可以拍摄他端着一杯咖啡眺望天际的惬意模样。

你拍摄的视频并不需要总得与你有关。关于已成交顾客的视频可能会更有效。

| 业界人士有话讲 |

"我每天一大早就来拍摄照片或者制作几条短视频，然后每天我都会留出两段跟单专用的时间。我会逼迫自己利用好这些时间给顾客发送一些相关信息（可能是与产品销售完全无关的信息，比如当我得知顾客的孩了在周六有一场球赛时，我会发送天气预报的信息并且祝他们好运。这样的信息都表明我对顾客的关心以及我在先前对话中认真倾听的态度）。个性化的跟单方式让顾客对我念念不忘，也因此推动了我的成功。"

领导或公司老板的信函

如果能帮你完成交易，你觉得老板是否愿意花 5 分钟写一封手写信（甚至电子邮件也可以）？我相信他当然乐意助你一臂之力。

顾客一定会对公司老板的亲笔来信倍感惊喜，因为这说明了销售公司对他们的尊敬和重视。从心理学层面而言，受人尊敬的荣誉感是一种惊人的强大动力。

当然，你也可以自己拟定文案，而老板只需要将其复制、粘贴到电子邮件中然后发送给顾客。这种方法成本低而回报高，听起来像是不错的成交公式。

发给顾客的团队寄语

我曾经和一群亚特兰大市的房地产销售员共事。当时我建议每个人都给一位活跃的潜在顾客发送一条视频消息。其中一位销售员在这种方法的使用上更进一步：她找来了几名同事一起拍摄这条视频。在视频画面中，这位销售员进行讲演而其他同事则站在后面。

讲稿内容大概如下："卡拉，我真切地希望你能够在此安家。正如我之前所言，这处住宅简直是为你量身打造的。我想要帮你实现梦想，而且不仅我一个人这么想，我的同事们都希望你能住在这里。女士们，我说的对不对？"

此时人群中就会发出一阵欢呼声。假如你是顾客，你能从中感受到什么信息？那便是我们比其他竞争者更关心顾客。

| 业界人士有话讲 |

"我在自己的办公室放置了许多本涂色书，这样就能让顾客的小孩有事可做。然后我会拍摄小朋友们的作品、用短信发送图片并且感谢顾客能把我介绍给他的家人。"

给小孩或者宠物狗的信函

我自己就是三个孩子的父亲以及养狗爱好者。如果你能关照我的孩子们（四条腿的小狗也算），那么就是在关照我。

给顾客家庭成员发送的信函或者视频能够表现出你对其整个家庭的关心。对于七岁的小朋友来说，一条个性化的消息是多么意外的惊喜啊！试问哪位竞争者能想到这一点呢？（显然无人能及！）

⯈ 展现你的支持

假设你的顾客正在参加铁人二项比赛，或者在街头庆典上售卖精酿啤酒，又或者在周四晚上打垒球。

为何不前去看看呢？当你在终点线等待的时候，不要忘了录制他撞线的精彩时刻，然后把视频发给他。

要点在于，你要关注顾客本身，而不仅仅是他兜里的钱包。对顾客的生活投入兴趣、逐渐了解他们并且学会欣赏他们与众不同的闪光点。

当心千篇一律的陈词，那是一切原罪之母。

——伊迪丝·华顿（Edith Wharton）

➡ 你该如何脱颖而出？

让我以一个挑战性的问题结束本章，那便是如何成为真正独一无二的人。我不是在讨论跟单方法的独特性，而是你作为一个人的独特性！出色的跟单源于天马行空的创造力和乐此不疲的激情，而这正是顾客需要从你那里感受到的东西。他们希望你能发挥自己的创造力；他们希望你展示出远超其他竞争对手的关心；他们也希望你能够享受这个过程。

你是怎么想的？你拥有这些优点吗？你是否已经准备好成为一个真正意义上独一无二的人了？

➡ 自问自答

1. 你曾经享受过的最具创造性的跟单服务是怎样的，无论是从销售员还是其他人那里？你如何能将这种方法化为己用？

2. 人们很容易落于窠臼。你最引以为豪的一次创造性的跟单是怎样的？你怎样才能让这种创造力再次迸发？

3. 暂时忘记你销售员的身份，让思维充分发散。写下 10 条你能想象到的最疯狂的跟单创意。现在重新载入销售员的思维模式，选出其中两条可以付诸实践的创意。

4. 花几分钟和同事或者家人头脑风暴一下跟单的创意。记下所有的想法。其中哪些创意能够被应用于当前的跟单任务中？

5. 你的同事或者上司是否愿意在跟单任务上助你一臂之力？如果你不清楚，那就去问问他们。

▶ 付诸实践

想出一位最近一直在联系且和你的关系比较好的顾客。回顾在本章中学到的跟单创意，选出一种能够立即付诸实践的方法。

尝试过这种方法了吗？有趣吗？我相信你会点头称道的。很好！接下来继续尝试这种方法！

第15章　跟单讲稿

跟单策略和整体框架已经就绪，接下来你就可以使用一些"抢跑"小技巧来制定更有效的跟单计划了。

▶ 是否应该准备好讲稿

你是否应该提前写好跟单讲稿、用"一劳永逸"的策略来提高工作效率呢？

一方面，讲稿有其可取之处。你可以在某次跟单中打磨完美的讲稿，以后就可以直接从中截取和拼贴所需的内容。毕竟你也不想每次发送邮件时都要绞尽脑汁地遣词造句。我挺喜欢这种前期打造完美的跟单措辞、之后根据具体情况加以调整的想法。

另一方面，讲稿听起来始终是不自然的。当某人照本宣科地与你沟通时，或者当我们收到千篇一律的模板邮件时，我们总是能有所察觉的。遵循讲稿的谈话怎么听都不太真实。

伟大的演员自有其过人之处：他们能将他人的言语和所要传达的意义创造性地化为己用。这可不是一件容易的事。

➠ 讲稿还是要点提纲

想要提前做好准备，或许你应该调整一下"准备讲稿"的说法。比起讲稿，准备讲话要点可能更好一些。讲稿意味着僵化，而准备好讲话要点则可以让你随机应变、见机行事。

当我准备在网络研讨会上讲话或者为我的优兔网频道录制"5分钟销售培训"视频时（在优兔网上搜索"杰夫·肖尔的销售培训"），我会把发言要点放在面前。坦白说，讲稿会让我完全停止思考，以一种不自然的语气发言。我会一直提醒自己不要读错，结果声音就会显得机械、呆板。

当你不再逐字逐句地读讲稿时，交流就会变成一件有趣的事。你会开始自发地表达观点，创造一些美妙的时刻。

——詹妮弗·安妮斯顿（Jennifer Aniston）

接下来我会提供一些不同跟单方式的沟通要点。这些要点只是我的一己之见，强烈建议大家以自己的语气进行重写。在潜在顾客转化时间段里，把这些要点放在一旁以备参考（当然，这里只是点到为止。我们会在下一章详细讨论潜在顾客转化时间）。

➠ 电话沟通要点

你的讲话语气要比用语更重要。因此，在琢磨措辞之前，先想清楚你想要表现出来的情感。在顾客开始思考你提供的信息之前，他们会先捕捉到你的情感海拔。（记得在打电话的时候保持微笑！）

在拟定讲话要点时，你需要：

• 先想策略，再想细节。你想实现什么？你的整体目标是什么？如果你还没有想清楚这些问题，先不要急着打电话！

• 起草要点，组织成句。人们都希望和真实的人类进行自然而然的交谈，而不是听着对方逐字逐句地读稿子。

• 千锤百炼，临阵不慌。和某个同事练习一下"通话语气"，问问他们你的声音听起来机械、呆板还是真实、自然。

• 吸收创造，化为己用。你的交谈必须有个人风格，而不是对其他电话推销员的简单模仿。

▶ 开场白

电话交谈的前几秒最为重要，因为你在开场白中展现的语气和活力对顾客来说意味深长。你可以按照下面的方式准备开场白（图 15.1）。

▶ 提供附加价值

许多销售员在打电话时只会关心自己的销售进程。你必须接受销售的真理：跟单是为了服务顾客并提供附加价值（图 15.2）。

不要说：

"您好，我是 ABC 服务公司的菲尔，您近来怎样？"

这会让顾客很尴尬，因为你的开场白非常突兀，与先前的沟通没有任何联系。

"您现在方便聊一聊吗？"

"聊一聊"需要多长时间？这个概念太模糊，可能会让顾客给你一些消极的回应。

要说：

"您好，我是 ABC 服务公司的菲尔，按照之前的约定给您打电话。您近来过得怎么样？"

这样更像自然的对话，而且你提到了上一次沟通的相关信息。

"我手头有一些您需要的信息。请问能否耽误您两分钟呢？"

两分钟是一个合理的请求，并且对顾客来说也不算耽误时间。

图 15.1　如何在电话中准备开场白

不要说：

"我就是打电话问问您是否收到了我之前发送的信息。"

这句话没有包含任何实质的价值。你打这个电话只是为了自己，而不是为了服务顾客。

"我一直没收到您的回复，不知道您还有没有兴趣？"

让我看看这种方法对顾客奏效过几次呢？答案是一次都没有。

要说：

"我希望上周发给您的信息对您有所帮助。我又想到了一个能进一步帮助您的主意。请问我能否分享一下我的想法呢？"

现在你提供的不仅是价值，而且是附加的价值。顾客会因此感受到你想方设法为其解决问题的诚意。

"我知道您很忙，但是我有一些您绝对不想错过的消息。能否耽误您两分钟呢？"

即便顾客"非常忙"，如果你要分享的东西能在某些方面改善他的生活，那么两分钟也不算过分的请求。

图 15.2　如何在电话中提供附加价值

| 业界人士有话讲 |

"我每次跟单都会带着为顾客量身定做的独特价值主张。"

▶ 约定下一步行动的电话

如果你没有想清楚对话应该在哪个环节结束，那就不要给顾客打电话。先计划好之后的行动步骤，然后再给顾客打电话并且约定好下一步要做什么（图 15.3）。

<table>
<tr><td>不要说：</td><td>要说：</td></tr>
<tr>
<td>"之后我想和您进一步交流，这样才能推动交易进展、让您尽快享受到我们的服务。请问您什么时候有空？"</td>
<td>"我花了些时间为您定制了几种方案，希望能用 15 分钟面对面地给您展示我的工作成果。不知道您周五方便面谈吗？"</td>
</tr>
<tr>
<td>注意，这几句话没有提供附加价值、任何具体信息以及让顾客接受面谈请求的理由，同时还要让顾客承担挑选合适会面时间的压力。可以说这是一项彻头彻尾的失败提案。</td>
<td>在这项提案中，要求并不过分，时间并不算长，具体日期已经定好，而且你也做好了充分的准备。因此，顾客很难找到拒绝的理由。</td>
</tr>
</table>

图 15.3　如何在电话中约定下一步的行动

牢记我们在第 10 章中学到的电话跟单的要点：

- 找到一个人际关系的切入点，无缝衔接先前的交谈。
- 尽快将谈话引向此次通话的目的。
- 通过提供服务增加此次通话的价值（给予）。

● 问一个问题来帮助你感知谈话的气氛以及顾客目前的交易意愿。

● 在通话快结束时询问顾客下一步的行动意愿（达成交易，下次预约，等等）。

● 和顾客商定好下一步行动。

● 积极快乐地整理好自己的笔记。

▶ 语音留言的话术

语音交谈无疑是最有效的沟通方式。倘若顾客不接电话，你还是能通过语音邮件发送一条令人兴趣盎然的消息。

当然，你肯定更倾向于语音交谈，所以我的建议是：不要急着使用语音邮件，除非你打了三次电话顾客都没有接听。语音邮件需要让顾客来采取进一步的行动（比如给你回电），这样就会让你失去对沟通的主导权。如果你打了好几次电话顾客都没有接，那么继续打电话就会显得有些冒犯了。在这种情况下，你就可以在语音信箱里留言。

保证语音邮件有效性的首要方法就是让顾客知道你能够满足他们的某些需求（图 15.4）。

▶ 电子邮件

正如我在第 9 章中提到的，除非你要发送数据、附件、图片

不要说：	要说：
"您好，我是 ABC 服务公司的菲尔。我想尽快和您沟通。请问您能否给我回电呢？我的电话是555-555-5555。"	"您好，我是 ABC 服务公司的菲尔。很遗憾没能打通您的电话，但是我最近一直在研究您的情况并且迫不及待地想和您分享我的发现。我相信这些信息一定能对您的规划有所帮助。不知道您今天下午是否愿意抽出 5 分钟时间和我电话交流一下？"
注意，这几句话没有提供附加价值、任何具体信息以及让顾客接受面谈请求的理由，同时要让顾客承担挑选合适会面时间的压力。可以说这是一项彻头彻尾的失败提案。	你能感受到这种话术的吸引力吗？销售员特意为顾客做了一些可以改善他或她的生活的事情。为这样的信息花费 5 分钟时间肯定是值得的。

图 15.4　如何在语音留言中保持热情

等大体积的文件，否则我不建议大家使用电子邮件作为跟单方式。

　　如果你确定要发送电子邮件，务必精雕细琢邮件主题句和正文首句的措辞。和电话沟通一样，你必须在邮件中提供有附加价值的信息，但区别在于，你必须毫不拖沓地切入要点。如果你的电子邮件不能在开头引起收件人的兴趣，那么它的归宿必然是邮箱回收站（图 15.5）。

　　我有一个建议：回顾最近发送的 20 封跟单电子邮件。根据我列出的指导意见评估这些电子邮件。它们是否能合格？最终是否有所收获？

不要说：	要说：
"感谢您对阿克姆风投公司（Acme Ventures）产品线的关注。"	"雪莉，我知道你对_____很失望，而我发送的信息一定能对你有所帮助。"
你能感受到这种开场白中表现出的毫无人情味的语气吗？这样的邮件肯定会被删除。	清楚地表明了销售员对顾客个人情况的了解并且展现了关心，显然是合适的话术。
"我们有您梦寐以求的_____。现在就等着您接受这项令人兴奋无比的提案了。"	"约翰，我们推出了一个你可能会感兴趣的新项目，它能够满足你对_____的需求。"
感谢这位营销鬼才，他为我们贡献了一封精心打磨的垃圾邮件。	和上面的内容类似，提案适用于顾客的情况才是最重要的。

图 15.5　如何发邮件

▶ 短信

　　和电话或者电子邮件一样，每条短信都应该有一个明确的目的。行动之前必须先有策略，所以你应该在发短信之前思考两个问题：我为什么要发送这条短信？我试图传达什么，又想要达成什么目标？（图 15.6）

　　恰当的短信目标包括：

- 确认你的顾客是否有时间进行电话沟通或者面谈。
- 确定电话或者面谈的时间安排。
- 发送一条有用的资源链接。
- 简短（非常简短）地回答顾客之前提出的问题。

不恰当的短信内容包括：

● 只是问问顾客现在的意愿。

● 质问顾客为什么不回复你的电话或者电子邮件。

● 强调产品的特色和好处而没有提供新的价值。

● 发送任何超过两段的信息。

不要说：

> "你好啊老兄。很久没有收到你的消息，近况如何？"

很适合发给你的伴郎，但是完全不适合用于商务沟通。

> "我想告知您之前讨论的玫瑰金计划发生的超赞变动。它能够为您省下一大笔钱并且给您的日常生活带来翻天覆地的变化。45 年的竭诚服务和居高不下的顾客满意率是这个项目的最大保障。这并不重要，你读到 40 个字之前就关掉了这条短信，所以现在我要开始瞎扯一些无关紧要的事了……"

拜托别这样，老兄！没人想读这么长的短信。

要说：

> "您好，我是菲尔。只是发短信和您确认一下 4 点钟的预约。届时再聊。"

简短，亲切并且有用。

> "您好，我是菲尔。帮自己一个忙，去 iTunes 上搜索《买家心理》播客节目。你一定会感兴趣的。"

抓住一切机会提供附加价值。

图 15.6　如何发短信

➭ 无论要做什么……做你自己即可!

我准备谈话要点而不是讲稿的部分原因在于,我希望与顾客进行真情实意的沟通,这样我才能在真实的对话中发挥创造力,与顾客产生共鸣。这种方法还能维持我的新鲜感,让我居安思危、热情不减。如果每次跟单时你都要读一成不变的旧稿子,哪怕是最礼貌的顾客也会对你避之不及,并且你自己也会感觉索然无味。

你开始了一次远航;终点已然知晓,但沿途的一切都是未知。你希望这趟旅程充满意外。

——费德里科·费里尼(Federico Fellini)

你怎样能让自己的声音听起来没那么机械,而是更像一个真实、有趣并且积极为顾客着想的人呢?

➭ 自问自答

1. 你最讨厌有讲稿的跟单交流的哪些地方?为什么你觉得这种方式惹人厌烦?

2. 你该如何保持跟单交流的新鲜感?你该做什么来避免自己听起来像是在读稿子?

3. 当你下次接到垃圾电话时,仔细听他的讲稿。你能通过哪些要素判断出这是垃圾信息而不是有价值的信息?你自己的跟单讲稿中有这些要素吗？

4. 录制几条你给顾客发送的语音信息（注意：不要在顾客未许可的情况下录下你们的交谈）。这些语音信息能否令顾客兴趣盎然？

5. 检查你最近发送的五条跟单短信。哪些短信符合"要说"的话术，哪些应该被列为"不要说"的话术？

▶ 付诸实践

选择三位可以跟单的顾客。列一些交流要点，做好心理准备，然后勇敢地打电话吧！这样做是为了训练你进行自然而有效的跟单。

第 16 章　完美的潜在顾客转化时间

> 想要实现高效地跟单，销售员需要日复一日地转化潜在顾客；需要将其视为生活习惯和每日常规；需要形成正确的工作节奏和工作态度；需要在他人放弃时勇往直前；还需要付出远超常人的额外努力。

▶ 日常习惯

你日常生活中最重要的习惯是什么？我大胆猜测，每天至少刷两次牙是你从不间断的重要习惯。你还会在每个清晨喝一杯咖啡，同时浏览各种社交媒体。对很多人来说，祈祷也是每天必做的一件事。

这些活动都是我们自愿遵循的日常习惯。而我们做这些事情的原因有两种：

- 我们乐在其中。
- 这些习惯大有裨益。

由此得出，最有效率的常规活动需要符合以上两种条件。

◗ 成功所需的习惯

接下来让我们更具体地讨论这个问题。什么样的习惯能够带来成功？比如，哪些习惯让运动员、艺术家或者学生成为常胜将军？哪些特殊的习惯能够让人们在坚持一段时间后大获成功？

当你仔细思索便会发现，生活中的所有成功都源于一种逆流而上、为他人所不为之事的精神。伟大的音乐家台上一分钟，台下十年功。而顶尖的运动员也要千锤百炼终成钢。

写书也是一条布满荆棘之路。人们总是优先将写书和跟单视为"可以抽空完成"的任务。然而对我以及其他许多作者来说，写书是一项必须投入大量时间才能完成的工作，因此我们会在日程表上专门留出一段时间来心无旁骛地写作。久而久之，写作就变成了我的日常习惯。

对于顶尖的销售员来说，跟单也是一种日常习惯，而不是被迫抽空完成的任务。

我希望大家能转变自己对跟单的看法。跟单不是一种义务、责任、负担或者不得不完成的任务，而是能够为你带来胜利、成功并让你乐在其中的机遇。

◗ 潜在顾客转化时间

先暂停片刻，把书放在一边，然后打开你的日程应用。看看你明天的日程安排并找出空闲的一个小时（最好在一天中较早的时间段）。接着在应用中输入一个小时的预定时间并将其备注为"潜在顾客转化时间"。

这段 60 分钟的时间将会改变你的职业和生活。在清早的一个小时里，你将全神贯注地投入跟单工作中。

在我们能管理时间以前，我们无法管理其他任何事情。

——彼得·德鲁克（Peter Drucker）

如果你一大早就在跟单中投入完整的一小时，你会获得以下好处：

● 你的头脑比较清晰，活力尚且充沛。经历了一天的操劳后，你就会感到身心疲惫。

● 当你早上打电话时，顾客的精神也比较活跃。随着时间的推移，他们也会越发疲惫。谁不希望在精力充沛的时候与人沟通呢？

● 如果你很晚才打电话，顾客可能会在下班之后的闲暇时光中才给你回电。仔细想想，是不是这个道理？如果你下午 4 点半才给顾客打电话，当他们给你回电的时候，你可能已经在家观看《鲨鱼坦克》了。

● 你能一整天都从中汲取能量。你能想象一大早就完成一项重要工作的感受吗？这种胜利的喜悦会整日伴随你。这就是早上优先完成跟单任务能给你带来的好处。

● 你会因此感觉意气风发。完成了潜在顾客转化的工作后，你并不会感觉如释重负，只想休憩一会儿。相反，你会充满自信心和成就感，产生一种逐鹿中原、舍我其谁的工作气势。

- 你能拿下交易！没错，在这一个小时里你会在多位顾客身上取得进展。你做了竞争者们做不到的事情，因此也就能收获他们望尘莫及的成功。

成功的关键不在于先做日程计划上的事，而是把需要先做的事安排在日程中。

——史蒂芬·柯维（Stephen Covey）

▶ 潜在顾客转化时间的理念

你想在准备阶段确立怎样的理念？

- 成就内驱力：你必须取胜，这是你唯一的出路，是刻在你基因中的信念。

- 痴迷：这不是一个项目或者任务，而是让你为之燃烧生命的事业。

- 活力：你迸发出来的活力能够感染顾客。

- 目标：你对具体想要实现的目标心里有数，并且会毫不停歇地勇往直前。

- 与众不同：你会因为做了他人所不为之事而脱颖而出。

你有多么渴望胜利？你有多么需求成功？将潜在顾客转化工作培养成日常习惯能够帮你实现自己的梦想！

岁月流逝，不可复追。

——本杰明·富兰克林（Benjamin Franklin）

▶ 做好潜在顾客转化时间的计划

合理的规划方能铸造辉煌的成就。即便只有片刻的准备时间也能让你在成功之路上迈进一大步。请遵循以下步骤：

和自己的约定

关键在于你要把这项工作视为具体、定时的预约。想象你和老板预约了这段时间，没有任何事情能够妨碍你赴约，也没有任何事能让你分心。

避免干扰

有效避免可能的干扰是成功的必经之路。你必须克服能够想到的一切阻碍，其中就包括他人的打扰。你要明确地告知他人，这一个小时的工作对你的成功而言无比重要，因此任何人都不能打扰到你[1]。你可以把自己想象成正在做手术的外科医生，他可不

---

[1] 想要了解更多关于排除干扰的信息，可以去阅读卡尔·纽波特（Cal Newport）开创性的著作《深度工作》。这本书将会改变你的人生！

会暂停手术去接孩子打过来的电话。

我曾经培训过的一位出类拔萃的销售专家会在办公室门上挂一个牌子，上面写着："正在进行转化潜在顾客的沟通，请勿打扰……除非你的头发着火或者出现了一条会说话的狗。"这种方式非常有用。

埋头苦干说明不了什么。问题在于：我们在忙些什么？

——亨利·大卫·梭罗（Henry David Thoreau）

潜在顾客转化时间的规则

1. 避免干扰。我知道自己已经说过了，但是外界的干扰一直是降低效率的罪魁祸首，所以不要嫌我啰唆。你必须确保没有人会在潜在顾客转化时间里打扰你！

2. 每次电话沟通的间隔不要超过30秒。你等待的时间越长，就越容易失去自己的势头。间隔时间的长度只要足够你回顾下一通电话的目的即可。

3. 面对抗拒心理。你总有不愿意拨打的电话，但是无论如何也要跨过这座山。你的大脑会告诉你不要打这通电话，并且会编出一堆故事来为此辩解。而你所要做的就是让下达这个指令的大脑部门立即闭嘴，然后离你远点。拿起电话，赶快拨打吧！

提前准备好通话列表

潜在顾客转化时间的目标就是尽可能多地完成高质量的沟通。在工作开始之前，提前决定好给谁打电话并且想清楚为什么要打这些电话。这样会避免你在打电话的过程中陷入停滞不前的境地。

➡ 使用你的顾客关系管理系统

销售线索追踪软件能够成为你的秘密武器……严厉无比的监工也能做到这一点。据我粗略地观察，在跟单工作上最勤勉的销售员通常能够利用顾客关系管理系统来为自己创造显著的战略优势。反之亦然：对顾客关系管理系统望而却步的销售员同样也会逃避跟单。

对你来说跟单是什么：工具还是统治者？你的观点能够让你迈向成功……或者陷入失败。此时此刻，你就能做出这个至关重要的决定。

如果你已经下定决心要使用顾客关系管理系统（确定这是你自己的决定对吧？），你必须学会有效的使用方法。然而实际上，多数顾客关系管理系统都过于复杂。这是一个不容忽视的问题，因为销售员常常对这些花里胡哨的功能感到不堪重负。

如果你遇到了这种情况，不妨学习一下飞行员。一架商用客机上有上百个刻度表和测量仪，但飞行员只需要关注其中的六个：

- 空速表。

- 高度计。
- 爬升率指示器。
- 姿态指引仪。
- 航向指示器。
- 转弯指示器。

令人惊叹！其中一些飞行指标和跟单通话中需要监测的指标不谋而合。你的谈话推进速度是否过快？你的（情感）海拔是否处于合适的高度？你是否需要调整推进谈话的方式？如果是的话，你该如何在沟通过程中转变方向？

这种类似于飞行导航六大指标的简洁方法可以被应用到顾客关系管理中。系统中存在着数不胜数的功能，而你要做的就是找出最适合你的功能。我建议你求教一下团队里最善于跟单的销售员，问问他或者她是如何使用顾客关系管理系统的。善用其中的四项功能要远比胡乱使用四十项功能有效得多。

▶ 完美的一小时

黎明前就起床很好，因为这样的习惯有助于健康、财富和智慧。

——亚里士多德

不是让你和顾客约定好黎明前就联系，毕竟多数顾客还沉睡于梦乡。让你的想象力更天马行空一些……

早上 8:55，你喝了杯咖啡，和同事打了招呼，所有要紧事也都已经搞定。接着，你开始全神贯注地冥想，调整好了积极的心态，准备好度过完美的一天。此时，你的头脑非常活跃，随时可以为顾客提供服务并且改善他们的生活。

于是，你气定神闲地坐下，屏蔽了一切外部干扰。不刷推特，不听音乐，也没有任何人会打扰你，仿佛世界上只剩下了你和你的顾客。成功的机会就在眼前的屏幕上，而你已经迫不及待地要大展身手了。

时针指向早上 9 点整，展现实力的时刻开始了。你面带着微笑拨打了第一通电话，而在接下来的一个小时中你还会完成多次电话沟通。如果无人接听，你会在对方的语音邮箱中留下一条鼓舞人心的消息，然后立即拨打下一位顾客的电话。

在这一个小时中，你拨打了 15 通电话，发送了 11 封电子邮件和 8 条短信，并且还录制了 3 条视频短消息。你和五位潜在顾客直接进行了交谈并且和其中三位约定好了后续的会面时间。

在做完这一切后，时针才指向上午 10 点，剩下的时间还很充沛。现在感觉如何？是否获得了成功的喜悦或者完成任务的满足感？

朋友们，这可不是白日做梦。只要你们愿意，每天都可以感受到成功的喜悦。

| 业界人士有话讲 |

阻碍跟单的因素不是缺乏时间，而是没有在日程表上安排具体的时间来完成跟单或者潜在顾客转化的工作。只要你预定了跟单时间，自然就会按时照做。

➡ 养成跟单的习惯

如果你相信自己能够改变，并且养成良好的习惯，那么你最终就能梦想成真。

——查尔斯·杜希格（Charles Duhigg）

你应该把跟单视为一种习惯，而不是一桩乏味无聊的苦差事。跟单就好比用牙线清洁牙齿或者在晚餐时收起手机，完全是百利而无一害的。冰冻三尺，非一日之寒，这对于养成跟单的习惯来说亦是如此。

为了日复一日地坚持照做，在日程表上安排特定的跟单时间就显得尤为重要了。你可以将其视为与自己的预约以及最优先的待办事项。相信我，如果你坚持的时间够长，那么跟单会成为一种自然而然的习惯。

如果你有约在先或者有其他问题需要处理，也可以将时间设定为半小时，甚至只要不低于十分钟即可。重要的是，你必须在这段时间里不间断地联系顾客，逐渐进入到每天跟单的工作节奏中。

业界人士有话讲

我在公司开门半个小时前就开始了自己一天的生活，而开门的时候就是跟单的时候。当我走进自己的办公室，我不会查看语音邮箱或者电子邮箱，而是立即开始跟单。

当你把目光转向生活中最成功的那些人，你会发现他们都有着良好的习惯。而跟单就是一项能够令你受益终身的职业习惯。那么你还在等什么呢？

➡ 自问自答

1. 你为什么不在每天开始的时候花整整一个小时来进行潜在顾客转化工作呢？

2. 在你开始潜在顾客转化工作之前，是否会说："我先快速检查一下邮件和短信"？如果是的，你会检查多久？继续照做五天，记录"快速检查"花的时间。

3. 如果你是个晚睡晚起的夜猫子，没办法一大早就开始做潜在顾客转化工作，那么你会错过哪些机会？

4. 科学家称养成一个新习惯最少需要 21 天（最新的研究表明

这需要 66 天）。你是否准备好连续 66 天坚持进行潜在顾客转化的工作了？每天坚持在日程表上打卡来证明你的努力。最终，瞧啊，这就是你的新习惯！

⏩ 付诸实践

现在就打开日程表，设置每日重复的潜在顾客转化时间段。告诉其他人这项工作的优先度无可比拟，因此任何人都不许打扰你。你对工作的热情会让其他人自觉避免打扰你，同时也会强化你对工作的投入。

将你在跟单工作中的投入提升到一个新的高度吧。

第 17 章　激活陈旧的销售线索

在本章中，你会发现一种被无数销售员嗤之以鼻的跟单策略。这种策略同时包含了自律、简洁和高效三种工作要求。

▶ 不要放弃

纵观本书，我一直在强调一种观念：优秀的跟单就是快捷的跟单，顾客产生购买意愿但却没有购买的时间越长，他们最终会购买的可能性就越低。情感会随着时间的推移逐渐衰退，而因为购买决定主要以情感需求为基础，我们的购物冲动也会随之减弱。

这就意味着，顾客的购物冲动可能维持不了几天，而他们也因此决定搁置一段时间。这对于销售员来说是家常便饭。那么问题来了：你该如何让许久未联系的顾客重拾购物的情感冲动？

我很幸运，因为我从未放弃追寻。你是否很容易就早早放弃？还是说你愿意带着强烈的决心去追寻幸运之物呢？

——吉尔·康耐斯

▶ **案例研究**

米歇尔的爱车开始失宠了。当初购买之际，这辆实用紧凑型的轿车造型小巧、惹人喜爱，如今却已经变得破旧且过时。汽车的维修费用不断增加，挡风玻璃的裂纹逐渐蔓延，杂物箱的位置总是传来一股越发强烈的霉味，而米歇尔还没法确定味道的源头。

简而言之，米歇尔对这辆车的不满程度逐渐提高。她并不讨厌自己曾经的爱车，也没有任何立即换车的理由，但她就是没法抑制自己对现状的不满。

于是，她开始考虑购买一辆新车。并不是随便一辆车即可，而是她的梦想之车———一辆装饰华丽的敞篷车。自从第一次观看《风月俏佳人》这部电影时，购买一辆敞篷车的梦想就深深地埋进了她的心里。米歇尔不仅仅是要买一辆车，更是要对社会发表一段宣言："如今我想买哪辆车就买哪辆车，没有任何理由，也不需要向别人解释什么。"

这辆梦想中的车让米歇尔对未来充满了希望。她一想到自己驾车飞驰的场景就感到心潮澎湃。

尽管米歇尔对现状的不满和对未来的希望都在提升，她还是对成本以及可能出现的问题充满了担忧。汽车的价格以及对应的支出很高，尤其考虑到她刚刚还清自己现在这辆车的贷款。一旦购买了新车，她就会陷入经济拮据的窘境。万一提车之后她发现自己没有预想的那么喜欢它该怎么办呢？又或者她真的能够信任这位销售员吗？诸如此类的担忧还有许多。

让我们快进到米歇尔和销售员沟通的场景，此时对方正迫不及待地想让她坐进这辆敞篷车。试驾非常成功，米歇尔也做好了开支计划。

一切看起来都顺风顺水……直到米歇尔家的屋顶破了一个大洞，因此她不得不申请第二顺位贷款来更换屋顶。购买梦想之车的计划就此搁置。

▶ 结局

思考一下米歇尔正在经历的事情，然后思考一些问题：

- 米歇尔对这辆老车的不满度相比之前有所降低吗？
- 她的不满会随着时间的推移继续增长吗？
- 她是否还希望购买梦想中的敞篷车呢？
- 她对于购车的未来希望值还会继续增加吗？

要点：让米歇尔产生买车想法的现实因素并没有消失。米歇尔只是因为暂时受到了经济上的打击而不得不把买车的计划搁置在一旁。

在我看来，99.8% 的销售员会止步于此。毕竟，如果米歇尔手头拮据，自然也不可能买这辆车。经济上的问题已经打消了她的购买欲望。

那么事实果真如此吗？

还记得吗？促使米歇尔产生买车想法的因素没有消失，她仍然需要解决这些问题。

换言之，米歇尔依然希望购买一辆新车，这只不过是时间早晚的问题。

➡ 如果是你的顾客又该如何

我们可以将米歇尔替换成一位以前的顾客，把她想要购买的车换成你所销售的任何产品，而米歇尔家里遇到的屋顶问题则可以换成任何让顾客搁置购买计划的其他难题。

现在问问自己：你的潜在顾客是否还有购买意愿，或者说是否还有需要解决的问题呢？如果是的，那么你的工作就还没有结束。

如你所见，生活错综复杂。你的顾客可能一边在和你商量交易事宜，一边还要应对刁难的上司、叛逆的孩子、健康问题以及各种各样令成年人压力倍增的烦心事。

我曾经准备购买一辆漂亮的公路自行车并且已经下定了决心。就在我准备前往自行车店（这已经是第三次）付款提车的早晨，我莫名其妙地踩空了楼梯，摔伤了自己的小腿肌肉。这次受伤让我整整四个月不能走路，更不用说骑自行车了。

自行车店的销售员对这笔交易势在必得。他知道我很感兴趣，而且我敢肯定，他那天已经在店里等着我去付款了。然而生活就是如此多变，他突然之间就没了我的音信，在之后数月里都没有等来我的身影。

如果你是这位销售员，你准备怎么办？你该如何重新联系一位消失了数月的顾客？

我们最大的弱点就是容易放弃。保证成功的要诀就是永远都再多试一次。

——托马斯·爱迪生（Thomas Edison）

⏩ "5+5+5" 的跟单方法

此时此刻，你的通讯录里已经累积了许多长时间未联系的潜在顾客。你曾经与这些顾客进行过沟通并且对他们充满了期待，然而这些交易都因为这样或那样的原因不了了之、无果而终。如果你像普通销售员那样甘于平凡，你可能会羞于联系一位许久没有交集的顾客并且试着重拾当初的关系。

那么这个时候，你就需要找到一种摆脱平凡的方法。这种方法算得上是万金油，尤其适用于许久未联系的潜在顾客。

│ 业界人士有话讲 │

"在几年前的一次人事变动中，我接手了一些销售线索并且通过跟单成功联系上了这些潜在顾客。为了找准顾客的定位，我一直与他们保持着联系，见证了他们结婚生子的人生大事。即使我因为人事变动又把手头的工作转交给了别人，我还是时常与这些顾客联系和见面，直到他们最终签署了购买合同。这么多年来我们始终没有放弃这些顾客，一直用电子邮件给他们发送更新的信息并且根据他们的实时状况和偏好定制个性化的服务方式。这种令人难以置信的毅力最终打动了挑剔的顾客。"

我能给大家一张通往成功的门票，那便是"5+5+5"的跟单方法：

- 5封手写信函。
- 每周5天。
- 5通电话。

接下来我会告诉你们如何使用这种方法。

▶ 第一个"5"：5封手写信函。

我在第14章里写到了手写信函的强大力量。物以稀为贵，所以人们分外重视别人邮寄过来的手写信函。利用好这一点。

找出一条陈旧的销售线索，查看当时的笔记，然后思考三个重要问题：

1. 这位潜在顾客当初为什么对我们的产品感兴趣？后来这笔交易因为什么事情半路搁置了？

2. 如今我该如何调整自己的价值主张来吸引这位潜在顾客的

兴趣?

3. 我该如何找到一个人际关系的切入点来重新联系他?

接着取一张便签然后开始写信,内容要简短、积极、个性化并且引人入胜。关键在于你要告知顾客自己下一步的行动,可以用下面的句式传达这条重要的信息:

"我会在几天后给您致电以作进一步讨论。"

这条重要的信息为接下来的跟单电话做好了铺垫。

以本章开头的故事为例,这封信的例文如下:

米歇尔女士,希望您近来一切安好,同时也希望您之前遇到的其他问题都已经得到了妥善处理。如今我们提供了一些备选的金融方案,我相信这能够进一步降低您的车款。我只需要占用您两分钟的时间来介绍一下我们的方案。几天之后我会给您致电以作进一步讨论。

——杰夫

就是这些,只需要投入几分钟的时间以及一张邮票和便签的成本,你就可以大幅度增加近期重启对话的可能性。

还有一点:记得在信封里附上你的名片。如果顾客兴趣十足,他们立即就想与你联系!

有道理吧?很好!接下来就开始给 5 位潜在顾客手写不同的信函。今天如此,明后天如此,之后每日如此……

| 业界人士有话讲 |

"我仍然记得 17 年前我刚刚入行时的光景。那时我常常坐在床上思考，不知道是否应该在几周后再度联系一位潜在顾客。我告诉自己，何乐而不为呢？最终他成了我最忠实的顾客之一，还把我推荐给了很多人。可以说没有他就没有我今天的成就。很庆幸当初我做出了正确的决定，拨打了他的电话。"

▶ 第二个"5"：每周 5 天。

邮寄信件被称为"蜗牛邮件"是有原因的：它需要经过数日才能被送达顾客家中。但是不要担心，等待的时间里你也不会无聊，因为每天都有 5 封邮件要写。长此以往，就有许多顾客在等待着你的电话了！

现在想想寄过去的这封邮件会产生什么影响。

首先，这种少见的联系方式会让收件人感到很新奇。

其次，这封邮件能够刷新双方的关系、让顾客重拾最初的购买意愿并且再次感受到当初的积极情感。

最后，这是一件互利共赢的事情。你邮寄了一封个性化的信件，贴心地为顾客做了一些好事。如果对方粗鲁地回应你的善意，恐怕有失于礼节。那么这种情况可能会发生吗？当然也不能排除。

但是如果对方无礼地回复你，那说明你们的关系没有你预想的那么好。

➡ 第三个"5"：5 通电话。

自从你邮寄信件已经过去了 5 天，是时候打电话了。我想给大家提供一些能帮助销售员从电话沟通中收获颇丰的建议（你也可以回顾第 10 章，重新激活你对电话跟单的思考）。

● 在清晨的潜在顾客转化时间里打电话。一方面你和顾客的头脑在这个时间段都比较清醒。另一方面，如果顾客一开始没有接听你的电话，他们仍然有一整天的时间来给你回电。

● 在沟通开始时，先重建双方的人际关系。你可以问问顾客的工作、孩子、宠物以及兴趣爱好等私人的问题。这样就能让顾客知道，你仍然对当初的沟通有印象。

● 试探性地询问顾客的购买意愿，可以先假设顾客仍然感兴趣。我不建议大家这样问："那么您现在还想买一辆新车吗？"这种模棱两可的话会让顾客从一开始就对你有所提防。你应该试试这样说："假如您现在仍然在考虑购买一辆新车，那么我想给您介绍一下付款方案的调整，相信您一定会感兴趣的。能否占用您两分钟呢？"这是个关键时刻。如果她不再考虑购买新车，那么立即会给你否定的答复。如果她同意让你分享信息，那说明是时候摩拳擦掌、大显身手了！

"5+5+5" 的习惯

这种方法假以时日才能见效，不是一两天努力就有回报的短期项目。但是一旦你养成了这种习惯，将终身受益。

假设你在接下来的三个月中严格执行了这种方法，也就是连续 13 周，每周 5 天，每天联系 5 位顾客。做一下这个简单的数学题。

$$13 \text{ 周} \times 5 \text{ 天} \times 5 \text{ 位顾客 / 天} = 325 \text{ 位顾客}$$

接着假设你的潜在顾客转化率只有 5%。考虑到这些潜在顾客此前都展现出了购买兴趣，这个数据一点也不夸张。仅仅 5% 的转化率就能让你在这个季度网罗 16 笔额外交易。你对此做何感想？

每件大事都是由一系列小事或者细节组成的。

——文森特·梵高（Vincent Van Gogh）

请牢记"业精于勤，荒于嬉"，千万不要"三天打鱼，两天晒网"。什么都不做肯定一点机会也没有。既然如此，何不试试呢？

自问自答

1. 你如何联系许久未沟通、但之前成功率较高的潜在顾客？还是说你完全把他们抛在脑后了？

2. 一个季度额外完成 16 笔交易对你来说意味着什么？想想这种成功对你的职业和人生的影响。每天几分钟的时间花得值不值？

3. 如果你遵循"5+5+5"的跟单方法，最好的结果就是你能从陈旧的销售线索中收获交易。那么如果顾客不感兴趣，你能想到的最坏的结果又是什么呢？

4. 如果你不想使用"5+5+5"的方法，你会如何处理陈旧的销售线索呢？你能否想出更好的办法来和过去的潜在顾客重新建立联系呢？

▶ 付诸实践

从今天开始，试用一个季度，一天都不要落下。看看这种方法能否对你和你的顾客产生重大影响。

第 18 章　何时放手

有时你竭尽全力但就是没法成交。但是当你认输的时候，你确定自己已经尽力了吗？如果你想要不留遗憾地睡个安稳觉，就得在放弃之前查漏补缺，确保自己已经将这笔交易的进程推到了极限。

▶ 你应该坚持到什么程度？

老派销售经理会用什么样的跟单技巧呢？（我所谓的老派人士指的是粗鲁无礼、野性十足的疯狂销售经理，类似于《拜金一族大亨游戏》里面的亚历克·鲍德温）他会如何鼓舞销售员跟单呢？当时的销售会议可能会包含以下言论：

- "只要顾客还没有开始咒骂你，你就可以继续跟单。"
- "各位销售员，勒令停止的律师函是我们的光荣。始终缠着顾客，直到他们把我们告上法庭。"
- "死死地咬住顾客，让他们要么去死，要么购买。如果他们就此死去，继续纠缠他们的孩子。"

这听起来像是正确的销售之道吗？这就是我们最讨厌的销售员。

但是这确实引出了一个重要问题：你应该坚持到什么程度？你怎样才能知道自己是否越线了呢？

我们先思考一些现实的问题。当你给顾客打电话的时候，顾客咒骂你的可能性有多大？如果顾客暴跳如雷，那说明你们一开始建立的买卖关系存在着怎样的价值问题？

在我看来，许多销售员非常担心冒犯到顾客，以至于他们在联系顾客时缩手缩脚，没有投入足以确保成交的努力。这是一种彻头彻尾的错误理念，因为它将跟单视为一种惹人讨厌的骚扰行为，而不是有价值的服务。

销售员是否应该偶尔用过火的跟单来试探顾客的底线呢？我认为冒这个险是值得的。

| 业界人士有话讲 |

"每天都有跟单失败的情况。你必须得记住这不是你一个人的问题。顾客的每一次拒绝都能让你向成功迈进一步。"

我曾经在学习滑冰的时候采用过一种冰球的训练方法。我将一个 5 加仑（1 加仑 =3.785 升）的桶倒扣在地上，用一只手按住它，然后开始绕着它滑冰。每绕桶滑行一圈，我都会延伸手臂并且增加身体的倾斜角度，我的脚也离中间的桶越来越远，滑行轨迹形成了一个不断扩散的圆圈。当我的手臂拉伸到极限时，桶和我的距离非常远，此时我感觉自己几乎是在贴着冰面滑行。如果我的手再移动 1 英寸（1 英寸 =2.54 厘米），我肯定会摔在地上。

而这就是我想做的事情。只有摔倒的时候我才能知道自己最大的滑行倾角有多少。为了确认自己的极限所在，有时候你不得不拥抱失败。

▶ 三个问题

纵观全书，我一直在强调奉献和毅力对高效跟单的重要性。胜者勇往直前，而败者轻言放弃。

你如何知道跟单已经到达了极限？你应该什么时候偃旗息鼓呢？还是说那种"让顾客要么购买、要么去死"的跟单理念其实是不错的建议呢？

我建议大家不要在非潜在顾客身上投入太多精力。事实上，你应该投入一部分时间来重新联系过去那些半途搁置的顾客。

然而，在你开始行动之前，还是要想清楚几个问题。

1."顾客在当初放弃交易的时候是否给了我清晰而有说服力的理由？"

"让顾客要么购买、要么去死"的跟单理念会告诉大家，顾客的想法一点也不重要。但是万一顾客这么说你要怎么办？"我们刚刚和另一家公司达成了交易。感谢你的帮助，但是不要再给我打电话了。"

你还会继续打电话吗？我肯定不会。为什么呢？因为我只会给潜在顾客打电话，而此人已经没有购买的需求了。我很珍惜自己的时间，所以只会给可能购买的人打电话。

也可能有人不同意我的观点。他们可能认为："这位顾客还可能推荐别人来买我们的产品。"这话倒是没错，但是任何其他的非买家不都可以这么做吗？如果一个人不会购买我的产品，而只是有可能把我推荐给其他顾客，这是否值得我继续投入大量的努力呢？即便有人准备推荐我，我也希望这是基于此前已经投入的时间和精力。

话虽如此，这时你就可以通过顾客关系管理平台开展自动化的跟单工作。你仍然可以和以前的潜在顾客保持沟通，但我还是要提醒各位，这样的努力最终会事倍功半。

2."我在这笔交易中是否已经尽力而为了？"

我是否还能多做一件事情来盘活这笔交易？其实在每次交谈结束后，你都可以思考这个绝佳的问题，但它尤其适用于评估你的跟单努力。你已经在这位顾客身上投入了大量的时间和精力，而现在却不得不考虑无功而返。这件事非常重要，你当然应该彻头彻尾地检查之前所做的一切。

你还需要充分发挥自己的创造力。你可以问问其他人的意见，尤其要和你的销售经理深入讨论。在这场交易中，是否还存在着能够扭转战局的一步妙手呢？

要点：要让顾客亲口证明，这笔交易已经止步于此、绝无回转余地了。如果你想不留遗憾地安然入睡，那就确保自己已经尽力而为了。

3. "我是诚实地回答了这些问题，还是在自欺欺人？"

无须多言，不是吗？

▶ 当心合理化的辩解

任意销售行业的任何一位销售经理都会告诉你，行业中存在着一种特定类型的销售员：这类销售员会在一帆风顺之时独占功劳，而一旦功败垂成，他们就会冠冕堂皇地推诿过错。

居功自傲时，他们会说："老兄，我的业绩都来自拼命地工作。为了达成这笔交易，我每天加班加点，倾尽所有，并且从来没有如此顺畅地提出收场问题。尽管困难重重，我还是想方设法地实现了预期的销售额。"

推诿过错时，他们又会说："我从网站上接手的销售线索一天比一天差。与此同时，销售经理也不知道跑哪里去了，而且我还没有拿到三个月前就要求公司提供的规格变动数据。身边没有一个靠得住的人，我怎么可能达成自己的销售目标？"

这便是心理学家称之为"归因理论"的心理机制。当销售员遵循归因心理时，他会这样想："如果一切顺利，那就是我的功劳；如果诸事不顺，肯定是因为他人或者其他客观事物的错误。"

这种心理机制和跟单有关系吗？两者息息相关。我相信大家都认为许多销售员犯了过早放弃的错误。然而这些销售员并没有知错就改，而是错上加错地说服自己放弃是正确的选择，甚至还为此编造了很多说辞。

- "我的顾客通常会在 60 天内购买。那个家伙过了 90 天都没有下定决心，他肯定不会购买了。"

- "如果我继续给这位顾客打电话，可能会抹黑自己的品牌。"

- "没有人乐意被骚扰。继续打电话有悖于我为顾客提供至臻服务的名声。"

- "像这样的顾客只看重价格，而我们的报价并不是最低的。"

请大家注意，以上说辞都在强调这样的想法：该做的我都做了！

要点：你真的是为了顾客的利益而选择了放弃吗？还是说你其实只是图个安逸？

世界上大多数重要的事情都是由那些在看似毫无希望的情况下仍坚持尝试的人完成的。

——戴尔·卡耐基（Dale Carnegie）

▶ 当你用完了打电话的理由

销售员终止跟单的一个主要原因就是他们找不到打电话的理由了。他们不想只说一句"您好，我就是问问您考虑得怎么样了"，因此就索性不打电话了。

我的建议是：努力想出更多的理由！你可能会找不到帮助顾客的方法吗？我认为不大可能。如果你想维持跟单，只需要上网搜索一下就能找到许多有价值的信息。

即便互联网派不上用场，你还可以请教同事们。你可以把具体情况告诉同事然后寻求他们的帮助："如果这是你的顾客，你会怎么做？你会如何在跟单中提供新的价值？"

▶ 被动跟单

假设你已经和一位顾客打了很长时间的交道，但是却感觉这笔交易正在逐渐滑向失败。你很确定在接下来的六个月中，这笔交易能够达成的可能性只有百分之一。

那么你是否应该投入大量的时间和精力来主动地跟单呢？我认为你应该及时止损。这时候你的顾客关系管理系统就有用武之地了，它可以帮你完成被动跟单。

这里的"被动跟单"指的是，系统将会通过自动联系顾客的方式完成接下来的跟单工作。而你所要做的就是在顾客关系管理系统中输入可靠、有用并且有价值的内容。

在顾客关系管理系统中设置一个"长期潜在顾客"的任务分区。我建议你坚持每周给顾客发送一些有价值的内容。

在过去的十年中，内容营销已经被证明是一种与潜在顾客保持联系的重要方法。你大概能够投放哪些内容呢？

- 能够吸引你的顾客群体的文章。

- 现有顾客的赞辞。

- 照片（但是数量不要太多，分辨率也不要太高）。

- 产品的更新和调整信息。

- 引人入胜的活动。

- 行业内幕信息。

你永远不知道这些内容会在什么时候正好出现在合适的潜在顾客面前。

业界人士有话讲

"我曾经持续给一位从不接电话的潜在顾客打电话。在打了七次电话之后，我产生了放弃的想法。然而，当我第八次打电话时，他终于接听了我的电话。我这才知道原来他之前一直带着办公电话在外旅行，忘带了自己的手机。他对我说：'该死，真抱歉。彼得，是时候了。你去哪了？我们开始办正事吧！'"

如何放弃

唉，世事古难全。有时候你就是得忍痛放弃、继续向前。接下来我会提供一些适用于不同情境的小建议。

在最后一次对话中……

顾客用他的时间和注意力表示了对你的尊重，这至少值得你的感谢。你同样以有价值的信息和珍贵的时间展现了对顾客的尊敬。对顾客提出一些微不足道的请求一点也不过分。你可以像这样说：

"很荣幸能一路为您服务。很遗憾咱们最终没能达成交易，但是我尊重您的决定并且我也很享受与您相处的时间。如果您认为我的服务对您有所帮助，不妨把我推荐给您认识的人，我一定会感激不尽的。您是否能想到任何很适合来我这里购买产品的人呢？"

这种办法同样适用于电子邮件或者手写信函。不管怎样，记得在结尾附上一句暖心的感谢语。

失败是成功过程中的一部分。

——佚名

▶ **再三检查**

在以下情形中你不应该急于放弃：

- 你并没有完全确定顾客已经打消了购买的念头。
- 你没有付出自己最大的努力。
- 你在仅仅几次没有人情味的沟通后就放弃了。

你可以在以下情形中安心放弃：

- 直到最后你都和顾客保持着一种积极的人际关系。
- 你请求并且收到了顾客的推荐。
- 你能问心无愧地说自己已经尽力了。

▶ 自问自答

1. 在最近"放走"的五位顾客中，你放弃跟单的理由都是什么？在读完本章后，如果有的话，你应该继续联系其中的哪些顾客？

2. 你通常是如何放弃跟单那些没有希望的潜在顾客的？如果你以前只是停止打电话，那么现在是否愿意试试在本章中学到的关于"如何放弃"的方法？

3. 你是否有一套被动跟单的流程？如果没有，你该如何设计一套这样的流程？

4. 如果你正在约会的人对你不理不睬，你还会继续主动联系多少次？你认为销售跟单为什么应该比约会持续的更久？

5. 从长远来看，为什么销售员应该感谢一位没有购买甚至没有积极回复你的顾客呢？

▶ 付诸实践

挑选一位你尚且不能有理有据地放弃跟单的顾客，然后再次主动联系他。找出一个合适的理由给他打电话。不要缩手缩脚！

大显身手吧

第四部分
PART 4

第 19 章　百分之一俱乐部

> 不要在距离成功一步之遥的地方倒下。付出成倍的努力来成为百分之一俱乐部的成员！如果你同时具备成功公式的三个部分——专注、毅力和时间，那么你就能成为销售巨星。

▶ 曲线拐点

你是否知道"曲线拐点"这个概念呢（图 19.1）？

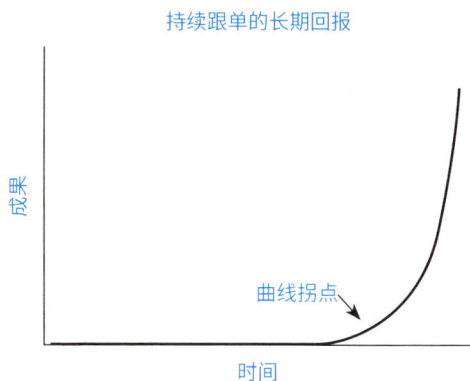

图 19.1 "曲线拐点"

图中的纵轴代表业绩水平（成果），而横轴则代表跟单持续时间。

这条曲线代表着一条长期、缓慢地向着成功攀升的道路。这个单调乏味的过程需要销售员具备不断提升自我的进取心和毅力。起初，你的回报微乎其微，甚至看起来你做的一切都是徒劳无功的。然而跟单的回报是延迟的，因此当你想要放弃的时候，你必须咬紧牙关、砥砺前行，同时也要精益求精、完善技艺。

然后……数据突然爆炸式增长！在某个转折点上，你的业绩水平突飞猛进、直通云霄。从图 19.1 可知，那个时间点便是曲线拐点，在拐点之后你的回报便开始骤然攀升。

20 世纪 60 年代，披头士乐队在美国引发了风靡全国的"英国文化入侵"。似乎一夜之间，披头士乐队便在美国无人不知、无人不晓。大街小巷都播放着他们的音乐，打开电视总能看到他们的表演。年轻人为之疯狂，而老年人则对这靡靡之音充耳不闻。

披头士乐队看起来是一夜成名，然而实际上他们为此付出了年复一年、默默无闻且枯燥乏味的努力。没有多少人知道他们曾经在德国汉堡市一家昏暗的小酒吧里整夜驻唱。这支乐队对着稀稀散散的人群演唱了不知道多少个小时，然而正是在这个漫长的过程中他们逐渐找到了自己的定位。

如果你在曲线拐点图上绘制出披头士乐队的成功之路，你会看到一条漫长的、几乎沿着水平面延伸的水平线。随着第一张黑胶唱片《请取悦我》的问世，他们终于迎来了职业生涯的拐点，自此发生了翻天覆地的变化。

平庸永无出路。你一定能实现更伟大的成就。

—— 戈登·B. 兴格莱（Gordon B. Hinckley）

有多少销售员夜以继日地干着和他人并无二致的工作，最后却发现自己的成功之路障碍重重？他们的职业生涯拐点在何处呢？

答案很简单：那便是跟单！平庸的销售员就是因为忽视了跟单的重要性才一直难以实现卓越的成就。

➡ 为何不跟单呢？

但是等一下，杰夫。如果跟单是如此容易得出的答案，为什么没有更多的销售员付诸实践呢？为什么他们常常会忽视这项工作呢？

因为跟单不是一项令人着迷的工作。在销售过程中，它并不是销售员最享受的那个部分。跟单工作要求销售员具备出色的勤奋、坚忍、耐性以及自制力。同时，它还需要现代社会中严重匮乏的品质：不贪图短期回报的长远目光。

持之以恒的毅力也是不可或缺的品质。

当队友回家休息时，你却在球场上又练习了一个小时的跳投；为了完美演奏一段难度颇高的反复段，你一遍又一遍地弹拨琴弦直至手指磨出血疱；为了找出解决案件的关键性线索，你第十八次待在犯罪实验室里凝神查阅证据……这些都能体现出你的毅力。

｜ 业界人士有话讲 ｜

"我曾经每月至少一次、连续两年跟单了一些顾客，而最终他们从我这里购买了价值 65 万美元的住宅。坚持不懈地联系顾客，直到打动他们，这便是我的成功秘诀。"

在绞尽脑汁、竭尽全力之前，顶尖的从业者绝不会懈怠。他们所追求的不是安逸的道路，而是最正确合理的道路。

你必须拥有明确的目标，而且你必须对目标充满渴望，这样才能不轻言放弃。

运动员训练 15 年只为了台上 15 秒的表演。问问他们的成功是否来源于幸运。问一个运动员他成功之后的感受如何，他会告诉你，他感觉自己付出的时间有了回报。

——希夫·凯拉（Shiv Khera）

▶ 比尔·波特（Bill Porter）的故事

你或许在美国广播公司（ABC）20 世纪 90 年代的电视节目《20/20》中见过比尔·波特。你也可能通过《永不放弃》这部电影知晓了他的人生故事。比尔·波特是美国沃特金斯（Watkins）公司的头牌销售员。这家公司量产保健品、烘焙用品、清洁用品以及其他家居用品并且雇用了庞大的销售团队挨家挨户地推销产品。

为什么我们如此关注一位上门推销员呢？波特的推销路线位于俄勒冈州波特兰市的山区。在这条崎岖的道路上，他每天要徒步行走 10 千米，日日如此，从不间断。对于寻常人来说这件事情已经足够艰难了，何况他还患有脑性瘫痪。他吐字不清，无法正常说话，因此只能用一根手指打字来进行沟通。他还曾经在路上遭遇过车祸。尽管如此，波特百折不挠、从未放弃。作为一名上门推销员，他为沃特金斯公司工作了 40 年。

比尔·波特在国际上声名大噪，日本甚至拍摄了一部以他的故事为原型的电影。然而我们必须清楚，他绝不是一夜成名，而是在日复一日、年复一年的艰辛努力之后才终于迎来了职业生涯的曲线拐点。

你拥有多少比尔·波特的品质？你是否愿意多走 1 千米的路？忘掉这句话，让我换个问法。为了成功，你是否愿意多走 10 千米的路？

成为人中龙凤不是在脑袋里想想就能做到的。冠军的宝座永远留给那些付诸行动且始终如一、永不懈怠的人。

如果你每天都在挑战自己的极限，你必将在销售事业上大获成功。

——奥马尔·佩鲁（Omar Periu）

❯ 百分之一俱乐部的成员

成为自己所在领域前百分之一的顶尖人才是什么感受？你怎样才能攀登到这个高处不胜寒的位置呢？百分之一俱乐部的会员需要具备怎样的品质？

我这里指的是所有销售员中能将工作做到极致的那百分之一的人。他们能在销售过程的每个环节中竭尽全力并且能得心应手地使用各种销售技巧。

前百分之一的顶尖从业者从来不走捷径。他们拥有强大的成就内驱力，时刻抱着必胜的决心在工作。他们还不屑于走他人走过的路，执着于另辟蹊径。

百分之一俱乐部的成员拥有以下特点：

- 发愤图强：他们竭尽全力，永不懈怠。

- 有条不紊：他们明白策略和规划对成功的重要性。

- 全神贯注：他们很难被鸡毛蒜皮的小事分心，常年保持着专注的状态。

- 勇往直前：他们不会逃避内心抗拒的事情，勇于面对他人避之而不及的挑战。

- 百折不挠：他们从不放弃，永不屈服。

进入这个俱乐部难于登天吗？是……也不是。

你无法通过申请的流程进入这个俱乐部，仅仅有野心也是无济于事的。他们对一夜成名的幸运儿毫无兴趣，也不会正眼相待那些趁着市场行情好、捞一笔就离场的投机取巧者。唯有经年累月的努力和与之相称的业绩才能让你获得入会的资格。

◆ 欠缺的资质

销售员会因为哪些原因被百分之一俱乐部拒之门外？想必你已经猜到答案了：在跟单领域碌碌无为。如果你不能十年如一日地投入至关重要的跟单工作中，你就不是一名合格的销售员。

换言之，忽视跟单重要性的销售员无法在这个行业中大获成功。

跟单的影响真的如此之大吗？在我看来，毫无疑问是这样的！接下来我会列出一些原因。跟单能够：

● 让你脱颖而出。你永远不会被视为只肯投入微薄之力的平庸销售员。

● 让你信心满满。当你知道自己在做的事情非常重要时，你会变得更加勇敢和自信。

● 让你备受关注。如果你能始终如一地勤奋跟单，人们早晚会注意到你的努力。你的老板心里有数，同事们会向你学习，最重要的是，你的顾客会看在眼里。

● 让你令人难忘。顾客在最终做决定的时候会想起你所做的一切，因为你的付出和努力令他们印象深刻。

若想成为前百分之一的顶级销售员，跟单是首屈一指的影响因素。

⏩ 复合效应

在读完本书后，我希望大家再去读一下《复合效应》。达伦·哈迪（Darren Hardy）简短有力的阐释将会告诉你毅力有多么重要。

这本书指出，只要方法正确并且能日积月累地坚持实践，那么滴水之事也能产生穿石之力。成功或许不会在短期内到来，但是长此以往，总有一天你会迎来爆炸式增长的回报。

跟单就是复合效应的典例。

它不是一个短期项目，而是一种长期习惯。你必须反反复复、夜以继日地坚持做这件正确的事。

这是一条漫长而孤独的路，即便同行者中途放弃，你仍然要砥砺前行。为了抵达终点，专注、毅力和时间缺一不可。

没有人能够偶然爬上一座山，偶然建起一座房，偶然成为白手起家的百万富翁，也没有人能偶然加入百分之一俱乐部。

你想要成为这百分之一吗？多说无益，证明给我看，用行动展现你的决心。

⏩ 自问自答

1. 更好的跟单将如何协同提高你的工作效率？

2. 为了成为一名优秀的销售员，你在哪些方面已经炉火纯青了？

3. 如果想要成为百分之一俱乐部的成员，你在跟单方法上能做出的最大改进是什么？

4. 为了养成跟单习惯、收获更大成功，你将如何坚持不懈地把本书传授的技巧应用到日常实践中？

▶ 付诸实践

百分之一俱乐部虚位以待更多全能销售员。想要成为前百分之一的销售员，你所要做的就是跟单。这不是一件简单的事，但它绝对值得你的投入。现在，开始行动吧！

第 20 章　前百分之一以外的销售员

> 我们在服务他人的时候能够表现出最高的水准。

▶ 知与行

我很欣赏大家为了克服不适感和抗拒心理付出的必要努力。你们充满了对成功的渴望并且能在跟单的过程中享受到快乐。你们达成了更多交易并且给越来越多的人提供了服务。因为，到头来……

我们在服务他人的时候能够表现出最高的水准。

是时候庆祝胜利了，朋友们。是时候回顾一路走来的历程，庆祝你们点点滴滴地进步并且信心满满地迎接未来的职业征程了。

如果你不仅读完了这本书，还将其中的方法付诸实践了，你应该能感受到自己在跟单工作上的显著进步，并且能获得相应的业绩提升。如果你还没有行动，现在开始也为时不晚。

所谓好运，就是在准备万全之时碰上了机遇，而所谓霉运，则是在缺乏准备的情况下遭遇了现实的当头一棒。

——伊利雅胡·高德拉特（Eliyahu Goldraft）

◗ 你们能够获得怎样的成长

短期努力能够带来短期成功，但这不是我们的兴趣所在。我们所追求的是在余下的职业生涯中成为出类拔萃的销售员，这可是一条漫漫长路。

那么问题来了：你该如何取得成功呢？答案就是：将你的技能转变为习惯。

优秀是一门源于训练和习惯的艺术。我们不是因为具备优秀的美德而做出正确的行为，恰恰相反，我们是因为做了正确的事才逐渐变得优秀的。我们反反复复做的事情造就了今天的我们。因此，优秀是一种习惯，而不是一种行为。

——亚里士多德

我希望你们能学到这些技能。我真诚地希望本书能够帮你们习得成功跟单所必需的技能。但是我必须得强调一点：如何应用从书中学到的技能最终还是取决于个人的选择。为了学习瑜伽，我可以参加瑜伽课堂，可以下载视频教程，可以雇一个私人教练，可以学习每个动作。但是只有当我付诸实践、跟着做瑜伽动作时，我才可能高效地学会瑜伽。

另外，习惯却不是我们能够随意控制的。它与我们的心理常规紧密结合，以至于我们很难不这么做。

想想我们生活中的健康习惯。合理饮食，用牙线清洁牙齿，给孩子读故事，祈祷……这些习惯都已经成了我们灵魂和精神的一部分，所以我们才会雷打不动地每天照做。习惯塑造了我们如今的模样。

那么我们要如何养成一种习惯呢？日复一日地重复练习能够帮到我们。那么你每天能做些什么来养成跟单的习惯呢？

一旦你养成了这种习惯，你所需的就是维持这种势头。如何维持？答案是永远不要间断。坚持每天练习跟单，日日如此，绝不懈怠。这需要大量的投入，但是其回报必能让你喜出望外。

｜业界人士有话讲｜

我们问了受访者一个问题："什么因素会阻碍你们跟单？"其中一位销售员回答："没有东西能阻止我跟单。"

▶ 献给你们的祝词

敬赢家们。

你们不仅渴望胜利，还拥有必胜的决心。你们在他人放弃之时毫不动摇、勇往直前。

敬拥抱不适感的勇者们。

你们明白挫折是登上成功的阶梯。你们敢于挑战令人不适的事情，突破重重阻碍，直取另一边的宝藏。

敬服务者们。

你们将销售视为一种团队活动。你们踏上了帮助他人、互利共赢的取胜之路。

敬思考者们。

你们拥有清晰的头脑。你们知道重视专注、毅力并且珍惜时间的人将会遇到数不清的机遇。

敬百分之一的顶尖从业者们。

敬阅读此书的你们!